Affaires à faire

■

PRATIQUE
DE LA NÉGOCIATION D'AFFAIRES
EN FRANÇAIS

Elisabeth SZILAGYI

Dans la même collection

FRANÇAIS GÉNÉRAL

Niveau 1

M.-L. CHALARON, R. ROESCH

La Grammaire autrement
Sensibilisation et pratique
avec corrigé des exercices
138 pages, format 17 x 25 cm – 48 F

D. ABRY, M.-L. CHALARON, J. VAN EIBERGEN
Présent, passé, futur
Grammaire des premiers temps
avec corrigé des exercices
88 pages, format 17 x 25cm – 37 F

D. ABRY, M.-L. CHALARON
La Grammaire des premiers temps
avec corrigé et transcription de la cassette
260 pages, format 17 x 25 cm – 90 F
Cassette de La Grammaire des premiers temps,
90 mn – 80 F

Niveau 2 et 3

D. ABRY, M.-L. CHALARON J. VAN EIBERGEN
A propos de...
Manuel de français langue étrangère
pour le niveau intermédiaire
260 pages, format 17 x 25 cm – 90 F
Guide pédagogique et corrigé des exercices
80 pages, format 17 x 25 cm – 50 F
Cassette de A propos de..., 90 mn – 80 F

C. DESCOTES-GENON, M.-H. MORSEL, C. RICHOU
L'Exercisier
Exercices de grammaire pour niveau intermédiaire
336 pages, format 17 x 25 cm – 90 F
Corrigé des exercices
80 pages, format 17 x 25 cm – 50 F

Ch. ABBADIE, B. CHOVELON, M.-H. MORSEL
L'Expression française écrite et orale
200 pages, format 17 x 25 cm – 65 F
Corrigé des exercices de l'Expression française
52 pages, format 17 x 25 cm – 50 F

FRANÇAIS DE SPÉCIALITÉ

Niveau 2 et 3

C. DESCOTES-GENON, R. ROLLE-HAROLD, E. SZILAGYI
La Messagerie
Pratique de la négociation commerciale
en français
160 pages, format 21 x 29,7 cm – 72 F
Corrigé des exercices de La Messagerie
32 pages, format 21 x 29,7 cm – 28 F
Cassette de La Messagerie, 60 mn – 60 F

E. SZILAGYI
Affaires à faire
Pratique de la négociation d'affaires en français
160 pages, format 21 x 29,7 cm – 72 F
Corrigé des exercices de Affaires à faire
32 pages, format 21 x 29,7 cm – 28 F

J. LAMOUREUX
Les Combines du téléphone
Pratique de la communication téléphonique
en français avec transcription des textes complémentaires de la cassette
90 pages, format 17 x 25 cm – 50 F
Cassette des Combines du téléphone
60 mn – 60 F

C. DESCOTES-GENON, S. EURIN, R. ROLLE-HAROLD,
E. SZILAGYI
La Voyagerie
Pratique du français du tourisme
240 pages, format 21 x 29,7 cm – 90 F
Corrigé des exercices de La Voyagerie
64 pages, format 21 x 29,7 cm – 50 F
Cassette de La voyagerie, 90 mn – 80 F

C. DESCOTES-GENON, E. SZILAGYI
Service compris
Pratique du français de l'hôtellerie, de la restauration
et de la cuisine
230 pages, format 21 x 29,7 cm – 98 F
*Corrigé des exercices et guide pédagogique de Ser-
vice compris*
64 pages, format 21 x 29,7 cm – 50 F
Cassette de Service compris, 120 mn – 80 F

Cet ouvrage a été édité avec l'aide du BRIFLE, organisme d'aide à la recherche et à l'édition du CUEF de l'Université Stendhal de Grenoble.

ISBN 2.7061.0351.5

SOMMAIRE

Avant-propos

▶ PUBLIC

"Affaires à faire" s'adresse d'une part à des étudiants qui se destinent aux carrières commerciales et des affaires, et qui désirent une formation en français des affaires ; d'autre part à des commerciaux professionnels ou des hommes d'affaires en relation avec des pays francophones , désirant acquérir ou consolider des connaissances langagières en français des affaires.

▶ NIVEAU

Ce manuel peut être utilisé dès le niveau intermédiaire. Il se prête parfaitement à différents modes d'apprentissage :

● en complément d'un enseignement de français général
● dans une formation spécifique en français des affaires
● en autoformation grâce au corrigé détaillé des exercices proposés.

▶ NOMBRE D'HEURES

Ce matériel a été testé à l'Université Stendhal de Grenoble en une cinquantaine d'heures dans un cursus comprenant 10 heures hebdomadaires de français général. Chaque enseignant saura moduler le nombre d'heures nécessaire selon le rythme, le fréquence et la durée des séquences pédagogiques.

▶ CHOIX MÉTHODOLOGIQUES

Une partie importante est consacrée à la compréhension et à l'expression écrites propres à la négociation commerciale et aux relations d'affaires et de leurs techniques spécifiques. Mais négocier aujourd'hui, c'est aussi savoir mener un entretien, soutenir une conversation téléphonique et connaître les nouvelles techniques commerciales. C'est pourquoi l'expression et la compréhension orales tiennent une place importante dans ce manuel. Enfin, le monde des affaires est complexe : chaque domaine d'étude est donc complété par des documents d'information pratique.

COMPOSITION DU MANUEL

Une première partie est consacrée à l'entreprise :

■ découverte de son fonctionnement à l'aide d'exercices de mise en situation.

■ analyse de documents utilisés pour les relations internes de l'entreprise (note de service, procès-verbal, rapport, compte rendu, ...) suivie d'exercices progressifs d'imitation pour permettre l'acquisition du vocabulaire, des normes, du savoir-écrire spécifique et aboutir à une autonomie de rédaction.

■ étude du fonctionnement du recrutement (processus, demande et offre d'emploi) par des exercices de compréhension et des activités variées visant à permettre :

● la rédaction de petites annonces et de lettres de demande d'emploi

● le recrutement du personnel : rédaction de demandes de personnel, d'offres d'emploi, de lettres de refus ou d'embauche

● l'entretien oral de recrutement (pour le recruteur comme pour le postulant) par des simulations et des jeux de rôles.

Une deuxième partie entraîne les apprenants à la négociation commerciale :

■ acquisition des modes d'argumentation, des normes de savoir-vivre et de savoir-être dans le monde des affaires en France

■ pratique de la communication téléphonique par des activités progressives (imitation, jeux de rôles, passage à l'écrit) et de ses techniques modernes.

■ apprentissage des techniques de négociation d'affaires pour l'exportation.

La troisième partie vise à sensibiliser l'apprenant aux instruments et modes de fonctionnement du commerce international :

■ analyse de ses structures et sources d'information à l'aide d'exercices variés

■ étude des différents modes de paiement

■ acquisition du lexique spécialisé par des exercices de compréhension et de simulation.

L'étudiant pourra trouver en fin de manuel :

● une documentation juridique

● un glossaire du vocabulaire utile

● un répertoire des notions lexicales de la banque.

UTILISATION

■ A l'intérieur de chaque partie, les différents "écrans" forment des ensembles complets.

■ Il est conseillé d'étudier les différentes parties dans l'ordre selon lequel elles sont proposées car elles suivent une progression :

● dans la découverte du monde des affaires en France

● dans la difficulté des techniques analysées et des exercices proposés.

■ En fin de manuel, des feuilles de papier à en-tête permettent de rédiger selon les normes les documents proposés en exercice

 MATÉRIEL

● un livre de l'élève

● un corrigé des exercices

Affaires à faire est précédé de **La Messagerie** (dans la même collection) qui prépare et complète la formation acquise à l'aide de ce manuel.

L'auteur

Elisabeth Szilagyi *est enseignante au CUEF (Centre Universitaire d'Etudes Françaises) et à l'Université Stendhal de Grenoble.*

Nous remercions pour leur aide
Le **CUEF** (Centre Universitaire d'Etudes Françaises), Université Stendhal de Grenoble et le **BRIFLE** (Bureau pour la Recherche et l'Innovation en Français Langue Etrangère).

Première partie

L'ENTREPRISE

L'EXPRESS - 19 JANVIER 1990
ILLUSTRATIONS : ZACOT

Ecran 1 - Les relations internes dans l'entreprise

1. Organigramme : organisation de l'entreprise

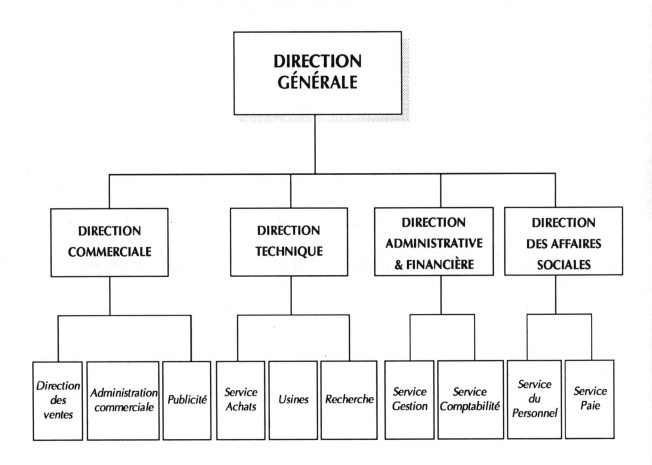

Exercice 1 :

A quel service est affecté chacun de ces employés de la Sté R.A.V.I. ?

Le Directeur-adjoint

Le Chef du personnel

Le Chef-comptable

Le Président-directeur-général

Le gestionnaire

La secrétaire de Direction

Un créatif

Le Chef du service commercial

Un ingénieur-chercheur

Le Vice-président

Le Directeur commercial

| Direction Commerciale |
| Comptabilité |
| Direction |
| Service du Personnel ou Direction des Ressources Humaines |
| Service Gestion |
| Service Recherche |
| Service Publicité |

Exercice 2 :

Voici des membres du personnel de l'entreprise R.A.V.I. et leurs tâches.
Retrouvez leur service respectif :

Madame Devocelle effectue les factures pour les clients : ....

Mademoiselle Pottier est chargée d'organiser les salons auxquels participe la société : ....

Monsieur Pierron reçoit les commandes des clients de l'entreprise : ....

Madame Solias est chargée du courrier du Directeur de l'entreprise : ....

Monsieur Borel reçoit les lettres de réclamation des clients : ....

Madame Grisol est chargée de rédiger les contrats des employés : ....

Monsieur Caron élabore les maquettes publicitaires de l'entreprise : ....

Monsieur Pétrissans est chargé du recrutement du personnel : ....

Mademoiselle Movier est la secrétaire de Madame Vuillon, Administrateur commercial : ....
....

Exercice 3 :

Votre entreprise est en relation avec la société COPA-FRANCE. Vous désirez obtenir des renseignements. Pour chacun d'eux, à quel service devez-vous vous adresser ?

A

Objet : commande

....

....

....

B

Objet : V/facture n° 21

Monsieur,

Nous avons le regret d'attirer votre attention sur une erreur de facturation ....

....

C

Messieurs,

Nous organisons un salon de l'informatique du 24 au 31 octobre.

Nous aimerions bénéficier de votre présence ....

D

Objet : N/commande XZ

Monsieur,

Lors de la réception de notre commande XZ, nous avons constaté des anomalies

....

E

Notre entreprise propose pour les entreprises qui, comme vous, s'informatisent, des logiciels de gestion, ...

F

Objet : 3e rappel de règlement

....

....

A : ....

B : ....

C : ....

D : ....

E : ....

F : ....

2. Les documents des relations internes

Exercice 1 :

> ***Compléter le schéma suivant avec les termes :*** *Note - Rapport - Note de service - Procès-Verbal - Instruction / Consigne - Compte rendu - Directives.*

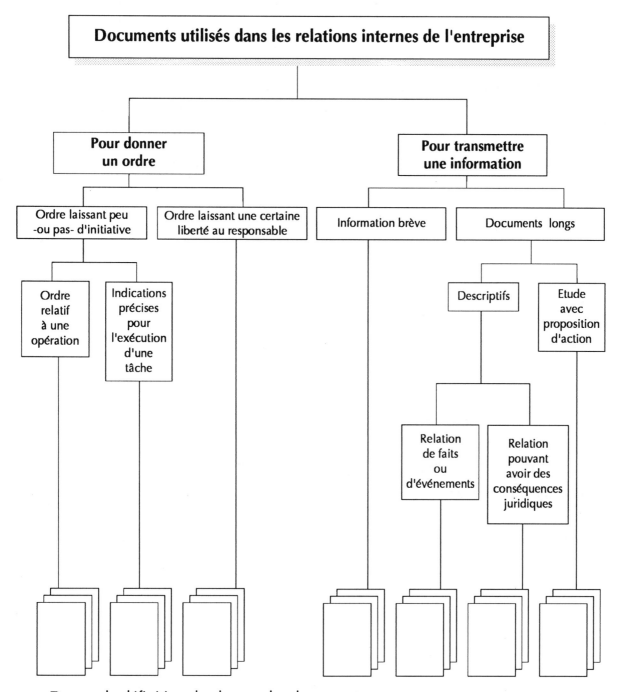

Donner la définition de chacun des documents.

A. Les notes de service

■ Analyse

Exercice 2 :

Remplir le tableau suivant à l'aide des notes de service 1 et 2 (voir documents pages 17 et 18)

	Note 1	Note 2
Date d'envoi		
Date de réception		
Références		
Objet		
Service destinataire		
Personnes concernées		
Signataire		
Type de lettre		

DELTAGESTION 215, CHEMIN DES MOULINS, 73000 CHAMBÉRY. TÉL. (79) 33 52 54.

JCR/ED – 11-6-82

1 2 JUIN 1982

NOTE AU SERVICE COMMERCIAL

- Cbt DYON
- Cbt JULLIEN
- Mr BARTHE
- Mr PAILLET
- Mr BANDE.

Objet : LE SPORTING –

Nous vous prions de trouver ci-joint une nouvelle grille de prix de vente des lots actualisés invendus de notre opération LE SPORTING à VILLENEUVE LA SALLE.

Certains appartements comportent des garages. Vous observerez que nous avons affecté ces garages.

D'autres appartements sont meublés et équipés. Vous pourrez les identifier par la lettre "M" qui figure en colonne 5 de la grille des prix.

Le prix de vente indiqué en colonne 6 inclue éventuellement le garage et le mobilier.

J.C. REVOL

PJ – grille des prix.

SARL AU CAPITAL DE 250.000 F. RC CHAMBÉRY B 317 822 765. SIRET 317 822765 000 10. CODE APE 7901.

NOTE 2

Rue Général-Rambaud
38028 Grenoble Cedex
Tél. (76) 87.29.76
Télex 320701

N. Réf. : DC/MVE/CM/2.572

Grenoble le 1er juillet 1983

A l'attention de la Direction des Achats liquides et surgelés

Messieurs,

Nous avons l'avantage de vous informer de la nomination de

Monsieur DUPONT

en qualité de Directeur des Ventes France de l'ensemble des produits commercialisés par nos Sociétés TEISSEIRE et SOVIPAL.

Il est particulièrement chargé des relations avec les Centrales d'Achats et grandes Sociétés Régionales.

Nous vous remercions de lui réserver le meilleur accueil lors des rendez-vous qu'il ne manquera pas de vous demander, et

Vous prions d'agréer, Messieurs, nos salutations distinguées.

Le Directeur Commercial,

M. VAN EECKE

S.A. au capital de 12 000 000 F / R.C. Grenoble B 057 504 599 / Code APE 4109 / CNUF 09271 / CCP Lyon 332-49 et Grenoble 994-60 S
Bureaux à Paris 10ᵉ, 4, rue Demarquay / Téléphone 205.38.27 et 202.69.13

■ Les notes de service : les normes

1. PRÉSENTATION DE LA NOTE DE SERVICE

Elle peut être présentée de deux manières :

• sur un imprimé spécial

  objectif :
  - faciliter le classement (homogénéité du format)
  - faciliter l'utilisation (un même type de renseignement est toujours au même endroit)

• sur une feuille de papier à en-tête (cas le plus fréquent).
Dans ce ce cas, les mentions suivantes sont mises en évidence : date d'application - objet - destinataire - service émetteur.

2. MENTIONS OBLIGATOIRES (préimprimées ou non)

Elles indiquent la provenance, l'objet, la destination :

• Service émetteur et/ou nom de la personne du service

• Service destinataire et/ou nom des personnes concernées

• Objet

• Date d'application

En bas de la note, on peut trouver deux mentions :

• Pour action : on indique qui doit se charger du travail à effectuer

• Pour information : dans ce cas, on indique où la note doit être affichée, à qui elle doit être distribuée.

3. OBJECTIF

• donner un ordre à exécuter à une date précise (opération exceptionnelle) ou un ordre permanent

• concerne les conditions de travail, la vie de l'entreprise, le travail proprement dit.

4. FORMULATION

• L'ordre est clairement formulé :
  - on utilise l'impératif ou le futur

- on utilise souvent :

à compter du ....
dorénavant
du ....au ....
avant le ....
à partir du ....

- on interdit :

peut-être
éventuellement
prochainement

- La formulation est impersonnelle

- Le ton est impératif mais courtois

5. MODE D'UTILISATION

Une note de service peut être envoyée :

a. - d'un service à un autre au sein de l'entreprise
- d'un service à d'autres au sein de l'entreprise
- de la Direction à un service
- de la Direction à plusieurs services

b. - du siège administratif à une succursale/agence
- du siège administratif aux succursales /agences
- du siège administratif à une usine
- du siège administratif à toutes les usines

Exercice 3 :

Vous êtes la secrétaire de P. Degrenne. Celui-ci vous laisse par note des instructions :

COPA - FRANCE   Grenoble, le 1er août 1990
Siège Administratif

Demander par note de service au directeur de l'usine de St Egrève de diffuser aux services concernés l'information concernant l'utilisation obligatoire à partir du 1.9.90. du formulaire XY 360 pour les relevés de factures et de commandes qui nous sont adressés (à cause informatisation service comptable féréral). P. DEGRENNE   P. Degrenne.

Vous devez rédiger cette note de service sur le papier à en-tête Copa-France

ETS. COPA-FRANCE

Z.I. DES QUATRE-SEIGNEURS
BP 06 X
38020 GRENOBLE-CEDEX

Tél : 76 59 15 33

Vos Réf. :
Nos Réf. :
Objet :
P.J ann. :

Grenoble, le . . . .

S.A. au capital de 4 000 000 F / R.C.S. Grenoble B 432 874 521. / C.C.P. Grenoble 4 521 93 G
TELEX : 254 606 / SIRET : 814 549 234 62 195.

Exercice 4 :

Vous êtes directeur de la B.N.P., succursale de Grenoble, et vous devez envoyer une note de service au personnel des guichets, et de la banque assise concernant leur tenue vestimentaire : en raison de la grosse chaleur régnant à Grenoble en juillet-août, vous autorisez ce personnel à ne pas porter de veste (personnel masculin) mais le port de la cravate reste obligatoire.

Vous rappelez l'image de marque de la société à conserver mais aussi votre volonté d'améliorer les conditions de travail pendant la canicule. D'autre part -et enfin- vous rappelez, qu'à la demande du personnel concerné, la climatisation a été améliorée, toujours dans un objectif de confort pour le personnel (et la clientèle).

Rédigez la note de service.

Créez un en-tête, ajoutez les références, l'objet, le(s) destinataire(s), le(s) service(s) concerné(s), le signataire.

B. Instructions - consignes - directives

Exercice 1

*Compléter le tableau ci-dessous en cochant **les** documents concernés par les éléments de définition donnés :*

COMPARAISON DES TROIS DOCUMENTS	DOCUMENTS		
	Instructions	**Consignes**	**Directives**
Exemple : Les personnes concernées sont plutôt : • les responsables • le personnel d'exécution	●	● ●	●
Quel document : • donne des indications précises ? • est un guide de travail ? • est un règlement strict ?			
Quel document concerne : • des opérations d'exécution ? • des opérations administratives ? • la conduite à suivre dans certaines circonstances ?			
Le document constitue : • un ordre permanent • un ordre limité dans le temps			
Les explications sont : • générales • détaillées • très détaillées			
Le style est : • impératif • peu impératif			
Les destinataires : • sont nommément désignés • ne sont pas désignés			
Quel document est : • distribué aux destinataires ? • distribué et éventuellement affiché ? • affiché ?			

Exercice 2 :

Pour chacune de ces circonstances, quel document interne utilise-t-on ?

1. Attitude à avoir en cas de hold-up (banque)

2. Améliorer l'accueil clientèle

3. Entretien du matériel de bureau

4. Nécessité de mieux surveiller l'entretien des véhicules de service

5. Modalités de distribution du courrier intérieur

6. Comment porter secours à un accidenté

7. Utilisation du téléphone

8. Effectuer un contrôle du temps de travail dans chaque service

9. Attitude en cas d'incendie

10. Utilisation du terminal

11. Relever les souhaits pour les dates de vacances

12. Effectuer toute facture en 3 exemplaires

13. Clôture des portes et fenêtres

14. Branchement terminal et postes secondaires

CONSIGNES : n° ....

INSTRUCTIONS : n° ....

DIRECTIVES : n° ....

■ Rédaction de directives

Exercice 3 :

L'entreprise RAVI ferme habituellement au mois d'août pour les congés annuels. Mais cette année, pour améliorer le service, le Conseil d'administration a décidé de mettre en place une permanence assurée dans les magasins et les services administratifs.

Préparez les directives qui seront adressées, par le Secrétaire Général, aux chefs des services concernés pour leur demander d'organiser cette permanence.

I - ANALYSE

1. Compléter le tableau suivant :

OPÉRATIONS EFFECTUÉES EN AOÛT	SERVICE CONCERNÉ
• Opérations de vente et tenue des stocks	....
• Facturation et tenue des comptes clients	....
• Livraisons	....
• Standard téléphonique, télex, télécopieur	....
• Déclaration des accidents du travail, contrôle des absences, relevé des heures supplémentaires	....
• Secrétariat	....

2. Dans chacun des services, il faudra :

- des responsables capables de prendre des décisions

- des employés d'exécution capables d'effectuer toutes tâches nécessaires

Il faudra donc tenir compte dans le planning de ? :

....

....

3. Pour chacune de ces deux catégories d'employés, il faudra obtenir des propositions valables venant du personnel ou demander à chacun d'indiquer la période de congé choisie, en respectant un ordre déterminé par différents critères.

Dans la liste suivante, barrez les critères irrecevables, et classez les critères à retenir selon leur ordre d'importance.

- Enfants à charge	- Ancienneté	- Nationalité
- Enfants non à charge	- Notation	- Sexe
- Autres charges familiales	- Age	- Conjoint

II - REDACTION (sur feuille à en-tête R.A.V.I.)

Réseau d'Achat et de Vente International

sté / r.a.v.i

BP 206 — 75 001 PARIS-CEDEX

Siège social : 81 rue de Rivoli 75 001 Paris — 37 55 07 24

Vos Réf. :

Nos Réf. :

Objet   :   Paris, le ....

P. J ann. :

Réseau d'Achat et de Vente International

S.A.R.L. au capital de 9 000 000 F / R.C.S. Paris C 623 452 373 /

CCP Paris 8 952 44 P / TELEX 941 116 / SIRET 894 498 776 80 384

C. Procès-verbal - Rapport - Compte rendu

1. Le procès-verbal

Le procès-verbal est établi pour rendre compte de décisions prises au cours d'une Assemblée générale ou réunion officielle d'une entreprise. Il est toujours destiné à servir de preuve :

- il doit être parfaitement clair et objectif. Les avis sont donnés par vote.
- il se limite à l'essentiel. Les débats ne sont pas rapportés.
- il contient des termes juridiques ou spécifiques.

A. PRÉSENTATION

Les éléments obligatoires d'un procès-verbal (P.V.) se présentent dans l'ordre suivant :

● Nom de l'assemblée

● Date (en lettres), personnes réunies (actionnaires, gestionnaires...) rappel du capital et du nombre d'actions avec leur valeur, lieu du siège, instance qui a provoqué la réunion (Conseil d'administration, Direction...).

● Heure de début de la séance

● Liste des présents (émargée)

● Liste : Président de la réunion, assistants, secrétaire, scrutateurs (nominativement).

● Nombre de personnes présentes et le total d'actions qu'elles représentent.

● Papiers dont dispose le Président (liste des présents, pouvoirs des absents, bilan, inventaire, rapports...).

● Ordre du jour

● Exposés faits par le Président (résumés).

● Résolutions proposées et résultat du vote pour chacune d'elles.

● Heure de levée de la réunion - Date de la prochaine réunion.

● Signatures du secrétaire de la réunion, des scrutateurs, du Président.

B. OBJECTIF

Le procès-verbal rend compte, le plus souvent, des décisions prises au cours de l'Assemblée générale annuelle ou bisannuelle d'une Société Anonyme (S.A.). Il est utilisé aussi dans le cas d'une assemblée extraordinaire (convoquée pour débattre d'un problème urgent intervenant à un moment trop éloigné des réunions régulières).

Lors de cette assemblée, le président de la séance expose, l'un après l'autre, les problèmes à l'ordre du jour. Chacun d'eux est débattu ; cette discussion est suivie d'un vote. Le procès-verbal rend uniquement compte du texte proposé au vote et du résultat de ce dernier. Pour qu'une décison (appelée résolution) soit valide, elle doit obtenir la majorité des voix [présents + pouvoirs (= procuration donnée à un tiers d'agir en son nom)].

Si l'on juge qu'un complément d'information est nécessaire, le P.V. rend compte de cette demande et du fait que la résolution de ce problème est reportée à la réunion suivante (dont on précise la date).

Exercice :

Voici des extraits du procès-verbal de la dernière Assemblée générale de la Sté Copa-France (p. 31).

Retrouvez les mots qui manquent et leur place correcte dans le texte.

validité - convoquée - Secrétaire - présents - est levée - capital - possèdent - Monsieur Duralon - actions - voix - valeur - exercice - séance - résolution - assistants - scrutateurs - adoptée.

Procès-Verbal

Assemblée générale du 28 octobre 1990

Assemblée générale de la Société Copa-France, S.A. au .... de 4.000.000 francs réparti en 4000 .... d'une .... de 1000 francs, sise Z.I. des Quatre-Seigneurs 38020 Grenoble, du vingt-huit octobre mille neuf cent quatre-vingt dix, ... par courrier par Monsieur Duralon, Président-directeur-général.

Sont .... : M. Duralon, Président-directeur-général
M. Gallien, Vice-président
Mme Courvis, Commissaire aux Comptes.

Président de .... M. Duralon
.... du Président : Mrs Farel et Gallien
Secrétaire de séance : Mme Dupin
.... : Mrs Vartin et Souillan

Les quarante personnes présentes (ou représentées par pouvoir) ....
3000 actions : le quorum nécessaire pour la .... des votes est donc atteint.

(Première ....)

Affectation d'un budget-publicité pour l' .... 1991 d'un montant de 110 000 francs (cent dix mille).

Votes : oui : 32
non : 8
abstentions : 0

La résolution est .... par 32 .... pour contre 8 contre.

La séance .... à vingt heures.

| .... | Madame Dupin | Messieurs Vartin et Souillan |
| Président | .... | Scrutateurs |

2. LE RAPPORT

C'est un texte qui expose des faits, une situation, une documentation et formule des propositions.

Le rapport donne des informations et propose des solutions au problème posé ; il prépare donc le travail et les décisions des responsables. Il est rédigé à la demande d'un supérieur hiérarchique, à qui il est transmis.

A. PRÉSENTATION

- Il se rédige sur papier à en-tête

- Il rappelle les références :

Exemple :

Par votre note de service n° ....du .... , vous m'avez demandé d'étudier... Veuillez trouver ci-joint mon rapport à ce sujet, rapport dans lequel j'ai examiné les points suivants :...

- Le plan est mis en évidence dans le développement :
    * numérotage des parties et sous-parties
    * titres et sous-titres soulignés
    * etc

B. PLAN

1. Rappel du motif du rapport

2. Annonce du plan, ou sommaire si le rapport est long (10 pages ou plus)

3. Développement :
    - les faits constatés
    - étude générale
    - mesures proposées

4. Conclusion (elle indique comment mettre en œuvre les mesures proposées)

Exercice :

Remplir le tableau ci-dessous à l'aide des éléments proposés.

TYPE DE RAPPORT	EXEMPLES	OBSERVATIONS
_____	• Rapport annuel d'une entreprise • Rapport d'activité d'une association	Ces rapports décrivent l'activité de la société au cours de l'exercice écoulé (résultats obtenus, difficultés rencontrées, décisions prises) et évoquent les perspectives.
Rapport de stage, de visite	• _____ • _____	Comme dans un compte rendu, le rapporteur relate _____ ; mais de plus, il justifie les appréciations qu'il formule et propose, éventuellement, des _____
Rapport d'étude	• _____ • _____	Type de rapport le plus fréquent. Il consiste à _____

ce qu'il a constaté - étude d'une situation, d'un matériel - rapport général d'activité - analyser un problème et à proposer une solution pour le résoudre - rapport relatif à un stage de formation - rapport relatif à la réorganisation d'une tâche, d'un service - rapport sur la visite d'une entreprise - des modifications

3. LE COMPTE RENDU

C'est un texte par lequel on rend compte de ce que l'on a fait ou de ce que l'on a vu.

A. DE QUI À QUI ?

Le compte rendu est un document interne à l'entreprise :
- employé → son chef de service
- service → direction ou direction administrative

B. MENTIONS OBLIGATOIRES

- En-tête simplifié puisque le compte rendu est un document interne

- Eléments d'information :
    - service émetteur
    - destinataire(s)
    - références (Note de service n°..., entretien téléphonique du...)
    - objet
    - date
    - nom du rédacteur

- L'objet est mis en évidence
    - les paragraphes sont nettement séparés ⎫ pour faciliter
    - le plan est apparent (numérotage, titres soulignés) ⎬ la lecture

N.B. : un compte rendu de réunion suit l'ordre de la réunion, rapporte les discussions principales mais pas les digressions, annexes...

Exercice 1 :

Retrouvez pour chaque type de compte rendu (C.R.), un ou plusieurs exemples pris dans la liste proposée :

TYPE DE C.R.	EXEMPLES
• CR - d'un événement - d'un fait	
• CR - de réunion - d'entretien	
• CR de mission	
• CR d'une étude de documents	

Exemples :

1. CR de réunion du Comité d'établissement
2. CR d'inspection de succursales
3. CR d'un accident
4. CR d'activité du comité d'entreprise
5. CR d'une conversation téléphonique
6. CR de la visite du Sicob (salon de l'informatique)
7. CR de lecture d'un ouvrage spécialisé
8. CR d'une action promotionnelle
9. CR des articles de presse parus après le lancement d'un nouveau produit

Exercice 2 :

Examiner le compte rendu (pages suivantes) et remplir le tableau ci-dessous :

Quelles sont les références ?	
A quoi correspondent-elles ?	
Quelle est la date de rédaction ?	
Quel type de compte rendu est-ce ?	
De quoi est-il question ?	
Quel est le plan du C.R. ?	
I. Quels sont les défauts du Genois ?	
Quel est son avantage sur les constructions concurrentes ?	
II. Quelles remarques négatives la rédactrice fait-elle ?	
Quelles sont les remarques positives ?	
A quoi sert la liste comparative jointe en annexe ?	

LE CAP D'AGDE

"Le Genois"

COMPTE RENDU DE VISITE

I - Etude de marché

1. SITUATION

A l'heure actuelle, notre programme «Le Genois» est situé à la limite Ouest de la partie construite du Cap d'Agde.

Il est utile de noter que l'on peut se rendre à pied au port qui est le centre des activités.

D'après les projets de la SEBLI, notre programme se trouvera au centre de la station dans quatre ans. On peut seulement craindre d'être dans un perpétuel chantier jusqu'en 1985.

2. PLAN ET CONCEPTION

Les plans du Genois se révèlent être agréables et à l'intérieur des normes des autres programmes du CAP.

En visitant les appartements du Hameau qui sont identiques, on peut toutefois faire remarquer que :

- La cuisine est un peu sombre
  L'ouverture d'une fenêtre est vraiment indispensable (ce qui sera fait pour le Genois)

- La salle-de-bain est petite et la baignoire exiguë.

3. PRESTATIONS

D'une manière générale, les prestations de l'ensemble des programmes visités sont supérieures à celle du Genois, telles que :

- Ascenseur

- Equipement des cuisines (machine à vaisselle, placards plus nombreux)

- Volets roulants (nos volets en accordéon font très «camelote»)
- Les surfaces des faïences dans les cuisines et salle-de-bains plus grandes
- Les prises électriques sont plus nombreuses
- Les salles-de-bain ont en général une ouverture
- Enfin, la plupart des programmes ont au moins une piscine, si ce n'est piscine, tennis et golf miniature.

4. PRIX

Le Genois offre pour le moment les studios les moins chers du Cap. Les Caraïbes (programme SACI tout proche) propose des 2 Pièces Cabines moins chers que les nôtres.

Peut-être serait-il bon de remplacer les volets prévus.

L'avenir nous dira si nous avons eu raison de prendre cette option et d'être les meilleurs en prix au détriment de certaines prestations. (Ascenseur, piscine).

Ci-joint, brochures des programmes.

II - Remarques sur la commercialisation du Genois

a) Il est important que les vendeurs aient très rapidement la brochure informative à distribuer aux clients. Toutes les brochures jointes font voir une qualité certaine et un souci de présentation (plusieurs couleurs, photos...)

A mon avis, la brochure la plus explicative et la moins coûteuse est certainement celle de la Brigantine.

J'ai fourni les informations à Roger FONTAINE pour l'élaboration des plans.

b) La mise en place du bureau de vente s'est révélée tardive par rapport au début de la publicité faite par avion (décalage d'environ 4 jours).

Vendredi, lorsque je suis partie, il était possible d'avoir accès au bureau de vente qui était bien signalé.

c) J'ai relevé une faute d'orthographe grossière sur le panneau du Genois : "Néspace vert" au singulier.

Par ailleurs, nous avons omis d'indiquer l'adresse du programme sur les deux grands panneaux placés près de l'arène.

Six flèches ont été fabriquées, mais elles ne sont pas utilisables car la publicité sauvage est strictement interdite.

Il serait bon d'ajouter l'adresse du Genois sur les deux panneaux.

d) Le vendeur, nouveau venu, a rencontré, m'a-t-il dit, de grosses difficultés pour la mise en place du bureau de vente.

Il aurait certainement été mieux que Pierre ou Bertrand puisse l'assister.

e) Je fais, aujourd'hui même, une lettre à Hérault-Tribune pour qu'il indique notre programme sur la parcelle n° 471, lors de la prochaine impression du plan du Cap D'Agde.

Je rendrai visite à son directeur, Monsieur RENAULT le 7 août.

Il faudra également demander un espace publicitaire autour de ce plan comme les autres promoteurs.

Monsieur RENAULT du Hérault-Tribune me rappellera à ce sujet fin octobre.

f) En visitant tous les programmes, j'ai pu constater que les vendeurs connaissent bien leur produit, les crédits, et toutes autres informations. Pour ce qui est de leur apparence, les hommes portaient une tenue sport et une cravate de coton.

g) D'après le vendeur, le Notaire, Maître MONTREDON à Saint-Gilles serait trop éloigné, ce qui obligerait les clients à aller signer loin du lieu de vente.

Après vérification, la distance Saint-Gilles - Le Cap est de 98 kms. Maître MONTREDON est à la disposition des clients tous les samedis pour les signatures, et il a déjà été le Notaire de plusieurs programmes au Cap d'Agde. Il sera également facile de faire signer les actes avec une procuration à l'étude.

h) Je propose de redescendre au Cap d'Agde le jeudi 7 août 1980 au soir pour 48 heures.

Madame J.P. ETRILLARD

STUDIOS

PROGRAMMES	PRIX TTC	ETAGE	SURFACES	PRIX au m²	OBSERVATIONS
L'Avant-Port Studio-Cabine	148.000	1er	23 m²	6.435	Bonnes prestations – Ascenseur.
L'Ambassade du Soleil	179.450	1er	24,61 m²	7.797	Vente Hors Taxe – 100 % financement.
Naxos	108.000	1er	16,42 m²	6.577	Pas de témoin – Les travaux commenceront le 1er septembre – Concurrent direct – Petites surfaces – Peu de prestations – Pas d'ascenseur.
Les Indes Galantes Studio-Cabine	243.000	1er	33 m²	7.364	Parking – Vue sur la mer imprenable – Ascenseur – Excellentes prestations – Lave-vaisselle – Piscine, tennis – Calme – Belle construction.
Les Caraïbes	163.000	1er	27 m²	6.103	Pas d'ascenseur – Prestations moyennes, près du port – Concurrent direct – Livraison juillet 1981.
Les Genois BAT.B	178.000	1er	24 m²	5.333	

STUDIOS - RC + JARDIN PRIVATIF

PROGRAMMES	PRIX TTC	SURFACES APPT.	SURFACE JARDIN	PRIX au m²	OBSERVATIONS
Studio-Cabine La Tortue	1er Etage 166.000	20 m²	14 m²	8.300	Peu de prestations - Ascenseur.
Le Cap Soleil	198.000	32 m²	31 m²	6.188	Grande cuisine - Parking compris - Ascenseur - Excellentes prestations.
Les Indes Galantes Studio-Cabine	243.000	33 m²	27 m²	7.364	Parking. Vue sur la mer imprenable - Ascenseur. Excellentes prestations - Lave-vaisselle. Piscine, tennis, calme - Belle construction.
Naxos	110.000	16,42 m²	6,50 m²	6.699	Pas de témoin, les travaux commenceront le 1er septembre. Concurrent direct petites surfaces, peu de prestations, pas d'ascenseur.
Le Genois	144.500	24 m²	22 m²	6.021	

2 PIECES

PROGRAMMES	PRIX TTC	ETAGE	SURFACES	PRIX au m²	OBSERVATIONS
L'Avant-Port	188.000	3ᵉ	28 m²	6.714	Bonnes prestations – Ascenseur
Le Cap Soleil	256.000	1ᵉʳ	41 m²	6.244	Grande cuisine, excellentes prestations.
L'Ambassade du Soleil	235.000	1ᵉʳ	28 m²	8.393	Vente HT. 100 % – Financement très cher.
Naxos	146.000	1ᵉʳ	22,60 m²	6.460	Pas de terrain. Les travaux commencent le 1er septembre. Concurrent direct – Petites surfaces. Peu de prestations, pas d'ascenseur.
Agde Plage Les Caraïbes	229.000	1ᵉʳ	46 m²	4.997	Pas d'ascenseur – Prestations moyennes, proche du port.
Le Myconos III 2 pièces cabine	224.000	1ᵉʳ	39 m²	5.740	Très bien placé au bord du canal – Calme – Cuisine bien aménagée – Bonnes finitions (volets roulants).
La Brigantine Cabine	236.500	1ᵉʳ	31 m²	7.629	Ascenseur, volets roulants, piscine tennis.
L'Artimon	VENDU				
Les Indes Galantes	263.000	1ᵉʳ	35 m²	7.514	Piscine, tennis, vue sur la mer imprenable – Calme, excellentes prestations, ascenseur, lave-vaisselle.
Le Genois	207.500	1ᵉʳ	34 m²	6.103	

4. Synthèse comparative

Exercice 1 :

Quel document correspond à chaque situation ?

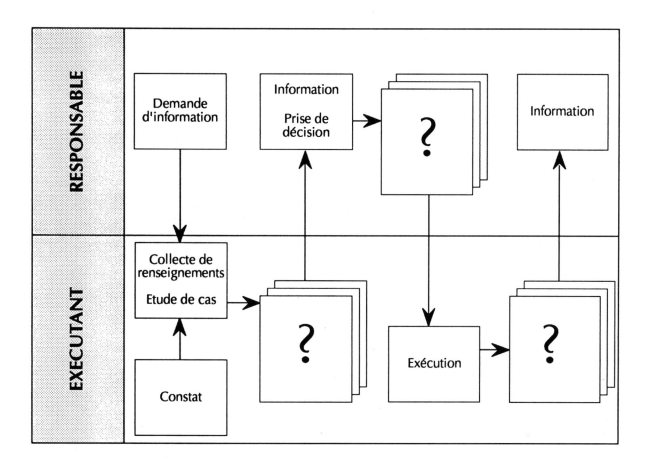

• Note de service

• Compte rendu

• Procès-Verbal

• Rapport

Exercice 2 :

Indiquer par une croix le document correspondant à chacun des cas :

	Rapport	Note de service	Compte rendu	Procès-Verbal
Document présentant les résultats d'une étude d'un Audit sur les horaires de travail				
Document établi par un agent de la circulation à propos d'un accident de la route				
Document annonçant la date et l'heure d'une réunion				
Document décrivant le déroulement d'une Assemblée générale				
Document chargeant une secrétaire d'organiser la journée "Porte ouverte" annuelle				
Document avisant le personnel des heures d'ouverture de la bibliothèque d'entreprise				
Document par lequel le Responsable du service Achats rend compte de sa gestion				
Document relatant un accident de travail sur un chantier				
Document par lequel un représentant expose le résultat de sa visite à un client				
Document par lequel un employé du service Archives propose l'informatisation du classement des dossiers				
Document précisant les nouvelles modalités de facturation				
Document relatant les résultats d'une conférence européenne au sujet de nouveaux accords économiques				
Document par lequel un ingénieur rend compte de l'état de ses recherches				
Document avisant le personnel d'accueil du nouvel horaire d'ouverture au public de l'agence				

Ecran 2 - Le recrutement du personnel

1. La procédure de recrutement du personnel

L'organigramme ci-dessous retrace la chronologie des différentes opérations menées en vue du recrutement de personnel

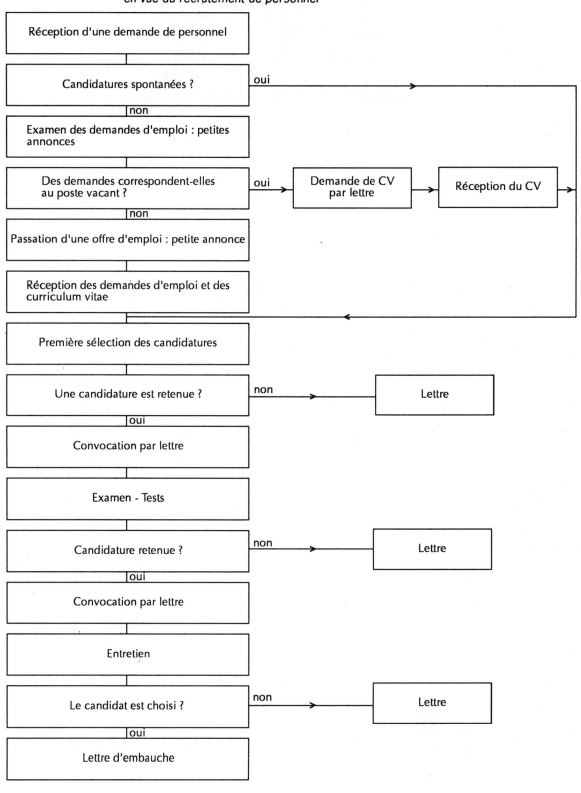

2. La demande d'emploi

Vous recherchez un emploi au sein d'une entreprise française. Vous avez plusieurs possibilités :
- agir par candidature spontanée : vous proposez votre candidature pour un poste sans qu'il y ait eu offre d'emploi de la part de l'entreprise.
- répondre à une petite annonce

Dans les deux cas, vous devrez rédiger une lettre de demande d'emploi et y joindre votre curriculum vitae.

A. Le curriculum vitae (C.V.)

Il est joint, sur feuille séparée, à la lettre de demande d'emploi.
Il doit être dactylographié.

Exercice 1 :

Ecrire votre curriculum vitae en utilisant le C.V. type page suivante

---

CURRICULUM VITAE

PHOTO

(facultative)

ETAT CIVIL

Nom :

Prénom

Né(e) le :   à

Situation de famille :

Nationalité :

FORMATION :

Etudes :

Langues :

Stages :

EMPLOIS OCCUPES

EMPLOI ACTUEL :

Date de disponibilité :

B. Les petites annonces

Les annonces proposées sont soit des demandes d'emploi (page 51), soit des offres d'emploi (page 52).

Exercice 2 :

Déchiffrer les petites annonces

Exercice 3 :

Rédiger une petite annonce de demande d'emploi correspondant à votre formation :

• entièrement rédigée

• puis présentée selon les abréviations que vous connaissez

C. La lettre de demande d'emploi

- Elle se fait sur papier blanc
- Elle suit la présentation et les normes de la lettre commerciale
- Elle doit être manuscrite
- On lui joint le curriculum vitae

PLAN TYPE DE LA LETTRE DE DEMANDE D'EMPLOI

Formuler la demande immédiatement

• Préciser, quand c'est le cas, la manière dont a connu la vacance du poste (petite annonce par exemple)

• Formules d'attaque standard :

- J'ai l'honneur de solliciter un emploi de .... au sein de votre société
- J'ai l'honneur de solliciter l'emploi de .... proposé dans votre annonce n° .... parue dans .... , le, demandant un(e) ....

Se présenter

- Etat civil bref : nationalité, date de naissance
- Diplômes obtenus (en résumé) et aptitudes particulières (langues, dactylographie...), expérience professionnelle acquise (en résumé).

Il ne s'agit pas ici de donner la liste exhaustive des diplômes et des emplois occupés : le curriculum vitae remplit ce rôle ; il s'agit de se présenter en mettant en valeur les éléments intéressants pour le poste demandé.

- Renvoyer le destinataire de la lettre au curriculum vitae joint pour des renseignements complémentaires ou plus détaillés.

Insister sur les points qui peuvent favoriser l'acceptation de la demande selon les aptitudes qu'exige l'emploi (contact humain, connaissance particulières, stage,...) et dire pourquoi on est intéressé par ce poste, ou, si c'est le cas, pourquoi on désire changer d'emploi.

Exprimer l'espoir de recevoir une réponse favorable. La formule standard est : Dans l'attente d'une réponse favorable,...

Formule de politesse standard

Signature

Exercice 4 :

Rédigez la lettre de demande d'emploi qui correspond à votre C.V. et à votre annonce de demande d'emploi. Respectez les normes de présentation. Choisissez le nom d'une entreprise auprès de laquelle vous pourriez postuler.

Exercice 5 :

Rédigez la lettre de demande d'emploi qui correspond à une de celles des petites annonces (pages 51 et 52). Respectez les normes de présentation.

● **Dynamisme à (re)vendre,** sérieuse, études sup., stage tech., mod. secrét. poly., trait. texte, infor., compta., J.F. 26 ans b. présent., voit., t. b. adapt., cherche travail, demand. contact et respons. Tél. 76.47.62.27 ou 76.54.05.26.

● **D. 45 ans,** secr. dactylo, b. présent., exp. bur., ingénierie, bat. et assurances, ch. emploi. écrire au 38 n° 94

● **Jeune femme 30 ans,** 10 ans expérience, cherche place employée de bureau, notions de comptabilité et de dactylo. Tél.76.90.18.11.

● **Secrétaire Direction** conf. mi-temps, devant évoluer, voiture personn pour petits trajets, lettre manuscrite + cv + photo + prét. au 38 n° 72

● **Administratif 38 ans,** école de CCE, expérience transports, adaptation, rech. poste à responsab. SVP laisser message 76.44.15.00.

● **J.h. 22 ans,** BTS compta cherche emploi dans comptabilité analytique si possible, libéré OM fin juillet, libre début août. tél. 74.21.37.30 repas

● **Secrétaire trilingue angl.** italien, 14 ans exp., sens resp. sérieuses réf., cherche poste stable, libre rap. Etudie tte proposit. Ecrire au 38 n° 104.

● **Cadre 29 ans,** rech. emploi direction, sous-direction, directeur commercial, dynamique, bonne présentation, disponible de suite, Grenoble et environs. tél. 38.56.59.36

● **J.f. tech. en documentation** rech. emploi temps complet même empl. de bureau, base informatique, étudie toutes propositions, tél. 76.22.18.57

● **J.F. niv. CAP,** BEP, secrét. avec expér., cherche rempl. pour juil. et première quinz. août. Tél. 76.75.42.42.

● **Secr.-dactylo licenciée anglais bilingue,** a vécu en Ang., exp. compta., cherche travail secr. biling. mi-temps. Tél. hres rep. 76.51.76.77 ou 1.93.75.03.

● **J.h. 29 ans, formation comptable,** exp. travail bureau et vente, assurance automobile publicité, sérieux, méthodique, bonne présent. attend votre prop. pour emploi motivant et rémunérateur. Ecrire 38 n° 71

● **Secrét. sténo dactylo** expérim. cinquantaine cherche emploi temps partiel. Tél. le matin ou apr. 19 h. 76.25.03.86.

● **D. 47 ans,** Opératrice de saisie, cherche travail bureau mi-temps ou temps complet. Tél. 76.72.44.77.

● **Cours math prof. qualit.** 13 a. exp. niv. 2e 1e Term. Deug Psycho Socio Sc. Eco. révis. intens. bac, à dom. Tél. 76.47.86.62 tlj sf w-e, hres rep.

● **Secrétaire aide comptable** exp. cab. cherche contrat remplacement, 3/4 mois, tél. 76.48.32.37

● **J. femme accompagnerait** pers. âgées en vacances pour lui tenir comp. et effec. trav. quot. remun. à voir, tél. le soir 6.47.72.87

● **J.F. 26 a. bon. présent.** enseig. sup. Exp. cab. dentaire, ch. place récep. cab. Dentaire ou médical, évent. vente. Tél. 76.51.07.30 ou 76.52.27.37.

● **Secrétaire trilingue angl.** italien, 14 ans exp., sens resp. sérieuses réf., cherche poste stable, libre rap. Etudie tte proposit. Ecrire au 38 n° 104.

● **J.f. 31 ans,** dut tec. de co 6 ans exp., prof. anglais courant, recherche emploi secrétariat, temps partiel, tél. 76.26.68.71

● **Secrét. confirmée 14 ans exp.** effectue ts trav. frappe y compris anglais, italien, lang. techniq. scientifique, travail soigné et rapide. Ecrire au 38 n° 105.

● **J.f. Cap aide-comptable,** BEP agent administr., cherche emploi stable ou remplacement, pas sérieux s'abst. Tél. 76.96.17.34 h.r.

● **Secrétaire commerciale** 12 ans d'expérience, cherche emploi stable, tél. 76.09.49.90 ap. 17 h 30

H. 31 a., Act. Resp. Export Equip. Indus., 5 a. exp. comm. int. EUR., ASIE, MID-EAST, U.S.A.
Bil. angl. + conn. esp.
Recherche nouv. responsab.
Ecrire sous le n° 3267
LE MONDE PUBLICITÉ
5, rue de Monttessuy, Paris-7e.

● **Secrétaire sténo-dactylo** confirmée, dde emploi 2 h/jour, pte entreprise ou autres. Tél. 76.54.13.80 à partir 17 h.

■ **J. F. FORMATION COMMERCIALE** (2 ans tech. de Co) très bonne présentation, connaissance compta, exp. accueil et standard, rech. emploi mois de juin ou été. 76.87.77.87 soir ou matin avt 9 h, pas sérieux s'abstenir.

3. L'offre d'emploi et le recrutement

A. LA DEMANDE DE PERSONNEL

Elle se fait sur un formulaire spécial : le chef de service rédige cette demande et la transmet au Chef du personnel.

Exercice 1 :

Vous êtes Chef du personnel de la SOCAMA. Vous recevez cette demande de personnel :

SOCAMA 60, avenue Nelson 59140 Dunkerque	DEMANDE DE PERSONNEL		
	EMPLOI Secrétaire-dactylo	POUR LE	01.09.90

SERVICE DEMANDEUR : Comptable RESPONSABLE : M. J. Machon DATE : 20.07.	NATURE DES TRAVAUX : Dactylographie de documents à partir d'enregistrements.	EMPLOI : PERMANENT ☐ MI-TEMPS ☒ TEMPORAIRE ☐ DU............. AU...............

FORMATION SOUHAITÉE : Bac G1 ou G3

COMPÉTENCES PARTICULIÈRES SOUHAITÉES : Frappe rapide. Expérience utilisation magnéto pour reprise de notes.

AUTRES CARACTÉRISTIQUES : bonnes connaissances comptables.

PROPOSITIONS ÉVENTUELLES :	SIGNATURE : J Machon.

Rédigez la petite annonce appropriée .

Exercice 2 : Jeu de rôles

Eléments :

a. Vous cherchez un emploi de dactylographe et vous lisez l'offre d'emploi de la SOCAMA (petite annonce).

Rédigez la lettre de demande d'emploi et le C.V. qui correspondent à votre profil.

b. La SOCAMA est intéressée par votre candidature.

Rédigez la réponse de la SOCAMA. Aidez-vous pour cela des formules types de la page 59 .

c. Coup de téléphone pour la prise de rendez-vous

d. Entretien entre le candidat et le Chef du personnel qui veut des détails complémentaires :

- travail effectué dans le cabinet comptable

- pourquoi y a-t-il eu des changements d'emploi?

- quelle habitude de la dactylographie d'après enregistrement ?

- précisions sur les études?

- ... ...

Déroulement du jeu de rôles :

• Un étudiant est le Chef du personnel de la SOCAMA.

C'est lui, avec l'aide de ses secrétaires, qui sera chargé de rédiger la réponse de la SOCAMA (b.)

• Chacun des autres étudiants rédigent une lettre de demande d'emploi à la SOCAMA.

• La classe examine les différentes lettres de candidature, pour conseiller le Chef du personnel. Il s'agit de garder seulement les candidatures qui correspondent au poste à pourvoir selon les critères suivants :

- diplômes

- compétences

- connaissances

• Pour chaque lettre retenue, il faut maintenant jouer l'entretien entre le Chef du personnel et le candidat.

Les autres étudiants doivent prendre des notes sur le déroulement de ceux-ci.

• A la fin des différents entretiens, la classe doit décider de la candidature retenue.

Fin de l'exercice :

Rédaction de la lettre d'embauche du candidat retenu.

Exercice 3 : Jeu de rôles

Eléments :

a. Vous êtes chef du service commercial de COPA - FRANCE et vous avez besoin d'un télévendeur/ d'une télévendeuse.

Le télévendeur (ou téléacteur) est une personne dont le travail consiste à téléphoner aux entreprises pour présenter un produit. Leur objectif est d'obtenir un rendez-vous avec un représentant de l'entreprise.

Cherchez les compétences nécessaires pour occuper cet emploi et rédigez la demande de personnel (page suivante).

b. Rédigez la petite annonce qui correspond.

c. Rédigez la lettre de demande d'emploi en réponse à la petite annonce.

d. Jeu de rôles :

 - Choisissez une des voies possibles de l'organigramme (page 46).
 - Rédigez les lettres ou passez les coups de téléphone qui correspondent à la situation.
 - Le candidat peut être accepté ou refusé.

Déroulement du jeu de rôles :

• Il faut un Chef du personnel et une secrétaire qui passera les coups de fil

• Plusieurs candidats peuvent être retenus après lecture de leurs lettres

• Ecrire les lettres de refus

• Lors de l'entretien, chacun joue le rôle qui correspond à sa demande d'emploi écrite.

• Jouer les différents entretiens après prise de rendez-vous par téléphone

• Choisir le candidat retenu (choix du Chef du personnel après approbation de tous).

• Ecrire les lettres de refus et la lettre d'acceptation pour le candidat retenu.
Aidez-vous des formules (page 59) et des lettres (pages 57-58).

SOCIÉTÉ COPA FRANCE	DEMANDE DE PERSONNEL		
	EMPLOI	POUR LE	
SERVICE DEMANDEUR : RESPONSABLE : DATE :	NATURE DES TRAVAUX :	EMPLOI : PERMANENT ☐ MI-TEMPS ☐ TEMPORAIRE ☐ DU.............. AU..............	
FORMATION SOUHAITÉE : COMPÉTENCES PARTICULIÈRES SOUHAITÉES : AUTRES CARACTÉRISTIQUES :			
PROPOSITIONS ÉVENTUELLES :		SIGNATURE :	

BANQUE WORMS

AGENCE DE GRENOBLE
4, AVENUE JEAN-PERROT
TÉL. 44-78-07 (5 LIGNES)

GRENOBLE, LE 8 juillet 1983

Mademoiselle,

      Nous accusons réception de votre
lettre du 5 juillet   qui a retenu toute notre
attention.

      Toutefois, nous avons le regret de
vous informer qu'il ne nous est pas possible provisoirement
de retenir votre candidature, tous nos postes étant pourvus.

      Nous conservons cependant votre dossier
et vous prions d'agréer, **Mademoiselle** , nos salutations
distinguées.

Pr Le Directeur,

R. VINCENT

CAPITAL PORTÉ A 205.990.300 F

SOCIÉTÉ ANONYME AU CAPITAL DE 205 368 000 FRANCS · R.C PARIS B 652 000 779

ADRESSE POSTALE B.P. 116 - 38001 GRENOBLE CÉDEX

TÉLEX 980144 LOCATOR - ADR TÉLEGR LOCATOR GRENOBLE - C.C.P. 650-11 X GRENOBLE

CHALLENGE Consultants
Recrutement Sélection

Neuilly, le 15 octobre 1985

Madame, Monsieur,

Nous avons le regret de ne pas donner suite à votre lettre de candidature concernant le poste référencé ci-dessus.

En effet, malgré tout l'intérêt qu'elle présentait, elle ne correspondait pas exactement aux attentes de notre client.

Vous souhaitant une bonne recherche professionnelle et vous remerciant de la confiance témoignée à notre Cabinet,

Veuillez agréer, Madame, Monsieur, l'expression de nos salutations distinguées.

M. NICOSIA

41, rue Ybry 92523 Neuilly Cedex - Tél. 47.58.12.40

S.A.R.L. au capital de 20.000 F - R.C.S. B 331182055 - SIRET 331 182 055 00011 - Telex ISO-BUR 630 842 - Code APE 7303

FORMULES TYPE POUR UNE REPONSE A UNE DEMANDE D'EMPLOI

1. Formules d'attaque

- En réponse à votre lettre d'offre de services du...
- Nous avons bien reçu votre lettre du...
- En réponse à votre lettre du...

2. Corps de la lettre

A - CANDIDATURES RETENUES

- (...) nous vous prions de bien vouloir vous présenter à nos bureaux...

- (...) nous vous prions de bien vouloir prendre contact avec notre service...

- (...) nous vous prions de prendre contact avec M...

- (...) nous vous prions de prendre rendez-vous par téléphone avec M...

- Votre candidature étant susceptible de nous intéresser, nous souhaiterions avoir un entretien avec vous ; nous vous prions de bien vouloir prendre rendez-vous par téléphone avec M...

- Votre candidature étant susceptible de nous intéresser, nous vous remettons ci-joint une formule de demande d'emploi que vous voudrez bien nous renvoyer dûment remplie.

- Votre candidature étant susceptible de nous intéresser, nous vous remettons ci-joint un questionnaire qui nous permettra de constituer votre dossier de candidature ; nous vous prions de nous le renvoyer dûment rempli.

B - CANDIDATURES REJETÉES

- Nous regrettons de vous faire connaître que l'emploi que vous postulez n'est plus vacant depuis...

- Nous avons le regret de vous faire connaître que votre offre n'a pu être retenue.

- Nous regrettons de vous informer qu'il ne nous est pas possible de donner suite actuellement à votre candidature.

- Cependant nous conservons votre demande pour le cas où se présenterait un emploi correspondant à vos références et à vos désirs.

4. Le "chasseur de têtes"

> **Exercice :**
>
> *Lire le texte puis retrouver les différentes étapes du recrutement en remplissant l'organigramme page 62.*

Le «chasseur de têtes» sonde aussi les reins et les cœurs

Trouver rapidement un candidat capable d'occuper un poste vacant ou nouvellement créé au sein d'une entreprise relève souvent du casse-tête chinois. Pour résoudre cet épineux problème, plusieurs possibilités s'offrent aux P.-D.G. : faire jouer la promotion au sein de l'entreprise, prendre des contacts auprès d'autres dirigeants-amis, publier une petite annonce ou faire appel à l'Agence nationale pour l'emploi. Une dernière solution, très utilisée actuellement, consiste à s'adresser à un cabinet spécialisé, surnommé plus familièrement « chasseurs de têtes ».

Mandatés par l'entreprise, ces sergents recruteurs du *business* ont pour mission de solliciter discrètement des candidats potentiels, d'opérer parmi eux une sélection rigoureuse, puis de présenter au chef d'entreprise la liste des noms retenus.

Cette tâche qui requiert un jugement aiguisé, se révèle très lucrative pour les deux parties. D'une part pour le « sergent recruteur » qui encaissera, l'affaire conclue, des honoraires égaux au tiers de la rémunération annuelle proposée au nouveau conscrit et d'autre part pour le nouvel engagé qui obtient un meilleur salaire et de plus hautes responsabilités.

Cette pacifique chasse à l'homme rappelle par ses unités de temps, de lieu et d'action le déroulement d'une pièce de théâtre.

Mais souffrez qu'avant de lever le rideau, nous vous présentions les personnages :

Le chasseur ou sergent recruteur : Généralement ancien *manager*, il connaît sur le bout des doigts les annuaires professionnels, le monde des affaires et ses rouages. Il possède des qualités de *public relation* et le désir de partager son expérience avec les futurs dirigeants. Diplômé d'une ou plusieurs grandes écoles, polyglotte, psychologue, excellent vendeur, il rencontre et place plusieurs centaines de cadres par an. Son principal objectif : créer une union durable et solide entre les deux parties.

La proie ou conscrit : Dans 80 % des cas, il est ambitieux, un brin arriviste, il a le goût du risque et des responsabilités. Il est toujours à la recherche d'un meilleur salaire mais également d'une meilleure occasion de faire la preuve de ses qualités. Il accepte parfois un poste à l'étranger, si celui-ci est conciliable avec sa situation familiale et s'il peut grâce à lui gravir de nouveaux échelons.

Le patron ou chef d'état-major : Trop occupé pour mener lui-même les recherches, il confie au « chasseur de têtes » la mission de dénicher, puis de lui présenter, la perle rare.

Les acteurs sont en place, le rideau peut se lever sur la comédie.

Prologue :
Avant d'accepter de se charger d'un dossier, le directeur du cabinet de recrutement confie à deux adjoints le soin de se rendre dans l'entreprise et d'y mener une enquête préliminaire. Celle-ci consistera à étudier les différentes données du problème en fonction du secteur d'activité concerné et à se faire une idée précise des qualités requises pour le poste. Il éliminera ainsi toutes les propositions trop fantaisistes.

Acte premier, scène première : ordre de mission
Son enquête effectuée, le sergent recruteur établit une fiche d'identité détaillée de la société – sans précision nominative – de l'emploi proposé, du candidat idéal et du salaire envisagé. Cette fiche est ensuite soumise à l'approbation du client.

Acte I, scène II : plan d'attaque
L'accord de l'entreprise reçu, les chasseurs mettent au point une stratégie de recherche. Leur premier travail : l'exploitation des fichiers de l'agence. Ceux-ci contiennent d'une part les lettres de candidatures reçues dans l'année et d'autre part les dossiers « en attente ». Lorsque le résultat est trop faible, ils poursuivent leurs investigations : démarches téléphoniques discrètes auprès d'autres dirigeants, auprès des grandes écoles ou auprès de leurs relations personnelles.

Parfois, la publication d'une petite annonce dans une revue corporative se révèle également un bon moyen d'appâter la proie en éveillant sa curiosité.

Acte I, scène III : chasse à l'homme

Ce travail de reconnaissance terminé, les «chasseurs de têtes» établissent une liste des candidats potentiels. Le talent du recruteur entre alors en jeu ; il doit joindre les postulants sans éveiller les soupçons de leur secrétaire ou de leurs collègues. Il met également tout en œuvre pour que le cadre sollicité accepte l'entrevue sans connaître au préalable ni le nom de la société ni l'offre qu'elle lui fait.

Acte II, scène I : les grandes manœuvres

L'appelé est convoqué par le cabinet de recrutement et doit se soumettre à plusieurs entretiens. Rien n'est laissé au hasard : comportement, carrière, qualifications, motivations, personnalité sont passés au crible. Un dialogue franc, honnête, basé sur une confiance réciproque est indispensable. Un deuxième consultant, témoin muet, assiste aux entretiens et prend des notes.

Les tests d'intelligence et les examens graphologiques, considérés comme peu fiables, ne sont utilisés qu'à la demande expresse de l'employeur.

Acte II, scène II : rapport au chef d'état-major

Les entretiens préliminaires écoulés, très peu d'élus sont retenus. Des fiches signalétiques sont établies avec en exergue une annotation du «chasseur de têtes», puis transmises au chef d'entreprise qui étudie chaque cas.

Acte III, scène I : le parcours du combattant

Dans un délai très court, différentes consultations ont lieu entre le patron et les candidats. Le recruteur y assiste parfois. Dernière étape : les deux ou trois finalistes sont soumis à une enquête de moralité. Les renseignements sont recueillis auprès de leurs anciens camarades de promotion, leurs collègues de bureau, leurs directeurs, et doivent fournir des éléments positifs sur leur intégrité, leurs compétences techniques, leur équilibre familial. Ces enquêtes respectent évidemment l'anonymat des interlocuteurs contactés.

Acte III, scène II : remise des médailles

Le consultant et le chef d'entreprise se rencontrent une dernière fois et mettent au point l'offre telle qu'elle sera présentée au vainqueur des différentes épreuves. Après accord, a lieu enfin la cérémonie de signature du contrat.

Acte III, scène III : suivi des affaires conclues

La mission du «chasseur de têtes» ne prend cependant pas toujours fin avec l'arrivée de l'élu dans ses nouveaux quartiers. Les consultants demeurent en contact régulier avec ce dernier et son nouveau chef d'état-major. Ils évitent ainsi des problèmes qui risqueraient de compromettre une intégration à long terme.

Epilogue :

En règle générale, tout se déroule pour le mieux. Il arrive parfois que le sergent recruteur, quelques années plus tard, reconvoque son ancien poulain et lui fasse une proposition encore plus attrayante...

C'est la règle du jeu, dans un marché régi par la loi de l'offre et de la demande...

■ Stéphane KOTEV

Douze conseils pour mettre toutes les chances de votre côté

Respectez l'heure du rendez-vous et munissez-vous d'un *curriculum vitae* détaillé.

Ne soyez ni méfiant ni en état d'infériorité face au consultant.

Ayez une poignée de main ferme, et entrez franchement dans son bureau.

Votre tenue vestimentaire comme votre coiffure ont de l'importance. Evitez l'excentricité comme le trop grand classicisme.

Restez décontracté pendant toute la durée de l'entretien.

Dialoguez d'égal à égal, yeux dans les yeux. Ne passez pas votre temps à regarder le plafond ou vos chaussures. Ne vous exprimez pas trop avec vos mains.

Parlez clairement, avec franchise, humour, sans vous prévaloir de qualités ou compétences que vous ne possédez pas.

Décrivez simplement vos fonctions actuelles sans critiquer de manière systématique votre employeur ou vos collègues.

Exposez vos ambitions, votre plan de carrière. Réclamez des informations précises sur le poste.

N'ayez pas honte d'aborder les questions financières.

Et si votre candidature n'est pas retenue, n'accablez pas le «chasseur de têtes» ou l'entreprise qui lui a confié cette mission. Inutile d'envoyer des lettres de menaces ou d'injures à l'un ou à l'autre, elles finiront au panier.

L'express - 1989

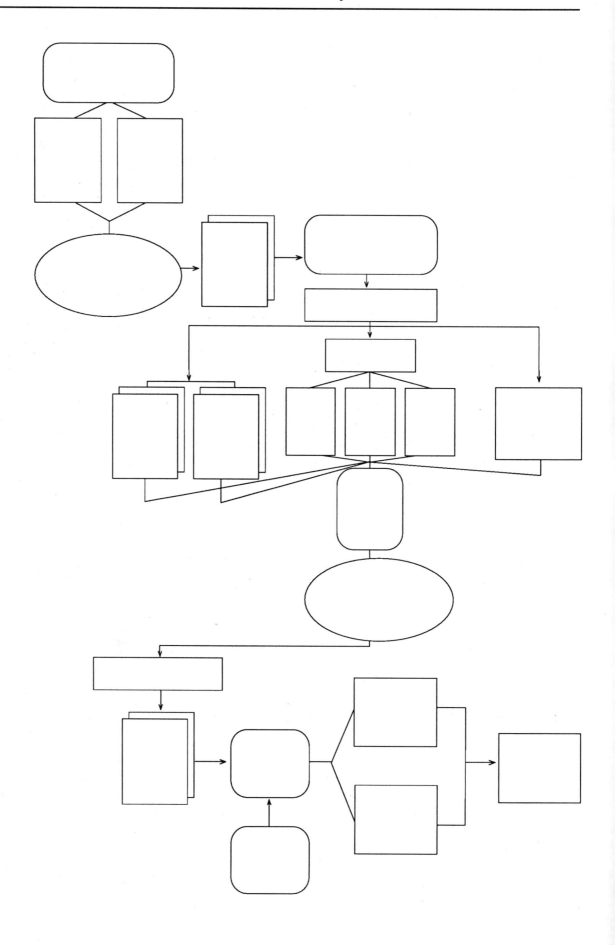

Deuxième partie

LA NEGOCIATION D'AFFAIRES

L'EXPRESS - 19 JANVIER 1990
ILLUSTRATIONS : ZACOT

Ecran 1 - La négociation

OUS AIMEZ CONVAINCRE.

NOUS AVONS DES ARGUMENTS.

1. Préparer et argumenter

A. Définition

"La négociation est l'action de mener à bonne fin les affaires". (Académie des sciences commerciales).

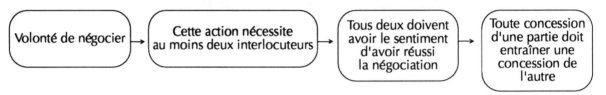

Comme toute étape de la démarche commerciale, la négociation, pour aboutir, doit être préparée.

B. Préparation de la négociation

1. QUI ? Connaître son interlocuteur

■ Est-ce un partenaire ? : Agent, importateur, futur associé...

■ Est-ce un acheteur ? : Utilisateur du produit.

■ Quelle est sa connaissance du marché ? Du produit ? Des prix ? De la concurrence ?

■ Quels sont ses pouvoirs de décision ?

■ Quelle est sa place sur le marché ? (Rang, territoire, notoriété...)

■ Quels sont ses objectifs et ses besoins ?

■ Quelle est sa personnalité ?

2. OÙ ? Connaître le lieu

■ **Connaissance de la France :**
  • usages, coutumes, mœurs
  • histoire et actualité politiques et économiques
  • législation (droit commercial)
  • culture commerciale : psychologie, hiérarchie, savoir-vivre.

■ **Lieu de la négociation :**

• chez le client potentiel, au poste d'expansion économique, ou bien neutre (ex : salon international)

• matériels de communication disponibles : télex, téléfax, lecteur de microfiches, vidéo...

3. QUAND ? Connaître le moment

■ Connaître les périodes de vacances,les fêtes religieuses et jours fériés.

■ Connaître les horaires hebdomadaires d'ouverture des bureaux, des magasins.

■ Connaître la période la plus propice à la négociation pour votre partenaire/acheteur.

4. QUOI ? Préparer le contenu de la négociation

■ **Partenaire :**

La négociation portera sur tous les éléments des contrats de distribution, représentation... et notamment sur :
• la territorialité
• l'exclusivité
• les marges
• la communication (publicité, promotion...)
• le service après-vente

■ **Acheteur :**

La négociation portera sur tous les éléments du contrat de vente et notamment sur :
• les quantités
• les prix
• la durée du crédit
• la garantie
• les délais de livraison
• le service après-vente
• l'incoterm
• le mode de transport

Exercice 1 : Connaissez-vous le rythme du travail en France ?

JANVIER 90	FÉVRIER	MARS	AVRIL	MAI	JUIN
☼ 7 h 46 à 16 h 03	☼ 7 h 23 à 16 h 46	☼ 6 h 35 à 17 h 32	☼ 5 h 31 à 18 h 20	☼ 4 h 32 à 19 h 04	☼ 3 h 54 à 19 h 44
1 L J. AN 01	1 J Ella	1 J Aubin	1 D Hugues	1 M F. TRAV.	1 V Justin
2 M Basile	2 V Présentat. ☽	2 V Charles le B.	2 L Sandrine ☽ 14	2 M Boris	2 S Blandine
3 M Geneviève	3 S Blaise	3 S Guénolé	3 M Richard	3 J Jacq./Phil.	3 D PENTECÔTE
4 J Odilon ☽	4 D Véronique	4 D Carême ☽	4 M Isidore	4 V Sylvain	4 L Clotilde 23
5 V Edouard			5 J Irène	5 S Judith	5 M Igor
6 S Melaine	5 L Agathe 06	5 L Olive 10	6 V Marcellin	6 D Prudence	6 M Norbert
7 D Epiphanie	6 M Gaston	6 M Colette	7 S J.-B. de la S.		7 J Gilbert
	7 M Eugénie	7 M Félicité	8 D Rameaux	7 L Gisèle 19	8 V Médard
8 L Lucien 02	8 J Jacqueline	8 J Jean de Dieu		8 M VICT. 1945	9 S Diane
9 M Alix	9 V Apolline ☾	9 V Françoise	9 L Gautier 15	9 M Pacôme ☾	10 D Landry
10 M Guillaume	10 S Arnaud	10 S Vivien	10 M Fulbert ☾	10 J Solange	
11 J Paulin ☾	11 D N.-D. Lourdes	11 D Rosine ☾	11 M Stanislas	11 V Estelle	11 L Barnabé 24
12 V Tatiana		12 L Justine 11	12 J Jules	12 S Achille	12 M Guy
13 S Yvette	12 L Félix 07	13 M Rodrigue	13 V Ida	13 D Fête J. d'Arc	13 M Ant. de P.
14 D Nina	13 M Béatrice	14 M Mathilde	14 S Maxime		14 J Elisée
	14 M Valentin	15 J Louise -	15 D PAQUES	14 L Matthias 20	15 V Germaine
15 L Remi 03	15 J Claude	16 V Bénédicte		15 M Denise	16 S J.-Fr.-Rég. ☽
16 M Marcel	16 V Julienne	17 S Patrice	16 L Benoît J.-L. 16	16 M Honoré	17 D FETE DIÊU
17 M Roseline	17 S Alexis ☽	18 D Cyrille	17 M Anicet	17 J Pascal ☽	
18 J Prisca ☽	18 D Bernadette		18 M Parfait ☽	18 V Eric	18 L Léonce 25
19 V Marius		19 L Joseph ☽ 12	19 J Emma	19 S Yves	19 M Romuald
20 S Sébastien	19 L Gabin 08	20 M Herbert	20 V Odette	20 D Bernardin	20 M Silvère
21 D Agnès	20 M Aimée	21 M Clémence	21 S Anselme		21 J Rodolphe
	21 M P. Damien	22 J Léa	22 D Alexandre	21 L Constantin 21	22 V Alban ☾
22 L Vincent 04	22 J Isabelle	23 V Victorien		22 M Emile	23 S Audrey
23 M Barnard	23 V Lazare	24 S Cath. de Su.	23 L Georges 17	23 M Didier	24 D Jean-Bapt.
24 M Franç. Sales	24 S Modeste	25 D Annonciat.	24 M Fidèle	24 J ASCENSION ☾	
25 J C. Paul	25 D Roméo ☾		25 M Marc ☾	25 V Sophie	25 L Prosper 26
26 V Paule ☾		26 L Larissa ☾ 13	26 J Alida	26 S Bérenger	26 M Anthelme
27 S Angèle	26 L Nestor 09	27 M Habib	27 V Zita	27 D F. des Mères	27 M Fernand
28 D Thom. d'Aqu.	27 M Mardi Gras	28 M Gontran	28 S Valérie		28 J Irénée
	28 M Cendres	29 J Gwladys	29 D Souv. Dép.	28 L Germain 22	29 V Pierre/Paul ☽
29 L Gildas 05		30 V Amédée		29 M Aymard	30 S Martial
30 M Martine	COMPUT 1950	31 S Benjamin	30 L Robert 18	30 M Ferdinand	
31 M Marcelle	Nombre d'or 15. Cycle solaire 11			31 J Visitation ☽	
	Épacte 3. Lettre dominicale G.		Printemps : 20 mars		Été : 21 juin

JUILLET 90	AOÛT	SEPTEMBRE	OCTOBRE	NOVEMBRE	DÉCEMBRE
☼ 3 h 53 à 19 h 56	☼ 4 h 25 à 19 h 28	☼ 5 h 08 à 18 h 32	☼ 5 h 51 à 17 h 29	☼ 6 h 38 à 16 h 29	☼ 7 h 24 à 15 h 55
1 D Thierry	1 M Alphonse	1 S Gilles	1 L Thérèse E. 40	1 J TOUSSAINT	1 S Florence
	2 J Julien	2 D Ingrid	2 M Léger	2 V Défunts ☾	2 D Avent
2 L Martinien 27	3 V Lydie	3 L Grégoire 36	3 M Gérard	3 S Hubert	3 L Franç.-Xav. 49
3 M Thomas	4 S J.-M. Vian.	4 M Rosalie	4 J Franç. d'As.☾	4 D Charles Bor.	4 M Barbara
4 M Florent	5 D Abel	5 M Raïssa ☾	5 V Fleur		5 M Gérald
5 J Antoine-M.		6 J Bertrand	6 S Bruno	5 L Sylvie 45	6 J Nicolas
6 V Mariette	6 L Transf. ☾ 32	7 V Reine	7 D Serge	6 M Bertille	7 V Ambroise
7 S Raoul	7 M Gaétan	8 S Nat. N-D		7 M Carine	8 S Im. Concept.
8 D Thibaut ☾	8 M Dominique	9 D Alain	8 L Pélagie 41	8 J Geoffroy	9 D Pier. Four. ☽
	9 J Amour		9 M Denis	9 V Théodore ☽	
9 L Amandine 28	10 V Laurent	10 L Inès 37	10 M Ghislain	10 S Léon	10 L Romaric 50
10 M Ulrich	11 S Claire	11 M Adelphe ☽	11 J Firmin ☽	11 D VICT. 1918	11 M Daniel
11 M Benoît	12 D Clarisse	12 M Apollinaire	12 V Wilfried		12 M Jeanne
12 J Olivier		13 J Aimé	13 S Géraud	12 L Christian 46	13 J Lucie
13 V Henri-Joël	13 L Hippolyte ☽ 33	14 V Sainte-Croix	14 D Juste	13 M Brice	14 V Odile
14 S FETE NAT.	14 M Evrard	15 S Roland		14 M Sidoine	15 S Ninon
15 D Donald ☽	15 M ASSOMPT.	16 D Edith	15 L Thérèse d'A.42	15 J Albert	16 D Alice
	16 J Armel		16 M Edwige	16 V Marguerite	
16 L ND Mt Car.29	17 V Hyacinthe	17 L Renaud 38	17 M Baudouin	17 S Elisabeth ☾	17 L Gaël ☾ 51
17 M Charlotte	18 S Hélène	18 M Nadège	18 J Luc ☾	18 D Aude	18 M Gatien
18 M Frédéric	19 D Jean Eudes	19 M Emilie	19 V René		19 M Urbain
19 J Arsène		20 J Davy	20 S Adeline	19 L Tanguy 47	20 J Abraham
20 V Marina	20 L Bernard ☾ 34	21 V Matthieu	21 D Céline	20 M Edmond	21 V Pierre Can.
21 S Victor	21 M Christophe	22 S Maurice		21 M Prés. N.-D.	22 S Franç.-Xav.
22 D Marie-M. ☾	22 M Fabrice	23 D Constant	22 L Elodie 43	22 J Cécile	23 D Armand
	23 J Rose de L.		23 M Jean de C.	23 V Clément	
23 L Brigitte 30	24 V Barthélémy	24 L Thècle 39	24 M Florentin	24 S Flora	24 L Adèle 52
24 M Christine	25 S Louis	25 M Hermann	25 J Crépin	25 D Cath. Lab. ☽	25 M NOEL
25 M Jacq. M.	26 D Natacha	26 M Côme/D.	26 V Dimitri ☽		26 M Etienne
26 J Anne		27 J Vinc. de P. ☽	27 S Emeline	26 L Delphine 48	27 J Jean Apôtre
27 V Nathalie	27 L Monique 35	28 V Venceslas	28 D Simon	27 M Séverin	28 V Innocents
28 S Samson	28 M Augustin ☽	29 S Michel		28 M Jacq. M.	29 S David
29 D Marthe ☽	29 M Sabine	30 D Jérôme	29 Narcisse 44	29 J Saturnin	30 D Roger
30 L Juliette 31	30 J Fiacre		30 M Bienvenue	30 V André	31 L Sylvestre ☾
31 M Ignace de L.	31 V Aristide		31 M Quentin		
		Automne : 23 septembre		Hiver : 22 décembre	

a - Qu'est-ce qu'un jour ouvrable ?

....

b - Qu'est-ce qu'un jour ouvré ?

....

c - Qu'est-ce qu'un jour férié ?

....

d - Quels sont les jours fériés en France ?

....

e - Qu'est-ce qu'un "pont" ?

....

f - En 1990, quelles sont les possibilités de pont ? ....

....

g - Qu'est-ce que la "trêve des confiseurs" ?

....

h - Quels sont les mois où se répartissent, en majorité, les congés annuels des entreprises ?

....

i - En France, le samedi, sont toujours ouverts :

• les magasins ☐

• les banques ☐

• les entreprises ☐

• les administrations ☐

j - Quelles sont les heures de bureau habituelles ?

....

k - Entre 12 h et 14 h, sont ouverts :

• toutes les banques ☐

• la plupart des grandes surfaces ☐

• les magasins ☐

• les entreprises ☐

et...

- Quelle est la durée légale d'une semaine de travail ?

....

- Quelle est la durée des congés payés annuels ?

....

Exercice 2 : Arguments

Donner les avantages d'un produit et les transformer en arguments de vente.

Exemples de produits :

• la carte de crédit

• une voiture à boîte de vitesse automatique

• le jus de citron vendu en bouteille

• l'effaceur d'encre

...

Exemple :
Produit : bicyclette

Avantage : moyen de transport, sans moteur.

Argument de vente : Finies les notes douloureuses à la station service, la bicyclette vous permet l'économie, vous évite tout risque de pollution et vous donne une autonomie idéale.

Exercice 3 : Comparaison

- Trouver les arguments en faveur de deux produits comparables. Ils doivent avoir au moins un point commun.

- Prévoir les objections et les réponses à celles-ci.

Exemples :
- le parapluie et l'imperméable
- le stylo bille et le crayon à papier
- le lave-vaisselle et les gants de ménage

...

Vous pouvez choisir d'autres objets, et préférer une argumentation comparative entre deux produits très sérieux. Votre argumentation devra être structurée et dynamique.

Plan :
- avantages
- objections + réponses aux objections
- avantages

Exercice 4 : L'objet invendable

- Choisissez chacun un objet invendable.

Exemples :
- une voiture sans moteur
- des lunettes sans verre
- un dictionnaire aux pages blanches ou sans ordre alphabétique
- des chaussures sans semelle

...

A votre fantaisie, inventez, si vous le désirez, un autre objet invendable.

- Préparez un argumentaire :
  - descriptif du produit (vous pouvez imaginer son design, une maquette publicitaire...)
  - ses avantages
  - pensez aux objections qu'on pourrait vous faire et prévenez-les

- Le ton doit correspondre à votre but : convaincre.

- Présentez votre objet au groupe.

2. L'entretien

COMMENT ? Connaître les méthodes

■ TACTIQUE DE NÉGOCIATION

Faire appel à toutes les techniques de communication en gardant à l'esprit que :
- dans une négociation, il faut être au moins deux
- deux types d'interlocuteurs sont face à face :

Equipe 1

Equipe 2

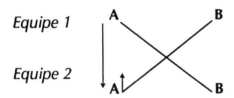

A essaie d'obtenir les concessions maximales de l'autre partie. Il parle en premier.

B enregistre et étudie les rapports de force. L'accord final est discuté par B sur la base des concessions obtenues par A.

Tout accord final est à confirmer, même si le négociateur a le pouvoir d'engager la société ; il sera discuté avec les collaborateurs dans l'entreprise, ne serait-ce que pour les impliquer.

N'oubliez pas que :
- il ne faut jamais laisser deviner ce que l'on ne fera pas ;
- il faut laisser planer un doute sur ses intentions réelles (conserver l'effet de surprise) ;
- il ne faut entamer la négociation qu'avec des personnes ayant les pouvoirs de la mener à terme
- il faut s'accrocher à un argument sur lequel on peut finalement céder afin de ne pas entamer des discussions sur un élément majeur
- il ne faut pas prendre position sur les points que l'on ne souhaite pas négocier.

Conclusion :
- Essayer de connaître les cartes de l'autre
- Rechercher le moment adéquat pour conclure
- Mettre en réserve des arguments

■ ARGUMENTAIRE :

Négocier, c'est écouter, chercher à comprendre puis argumenter. Il faut :
- construire l'argumentaire en terme de :
  - marché
  - produits

- prix
- chiffre d'affaires
- marges bénéficiaires
- structurer ses arguments :
  - exposer un avantage particulier
  - soutenir l'avantage par un fait objectif
  - en déduire la conséquence concrète pour l'interlocuteur
  - évaluer l'effet de l'argument
- découvrir les objections :
  - faire parler le partenaire
  - ménager sa susceptibilité
  - s'adapter à son rythme
  - utiliser un langage compréhensible

Conclusion

- Maîtriser ce que l'on veut obtenir et ce sur quoi on ne veut pas céder
- Maîtriser l'objectif du partenaire

Exercice 1 :

Chaque pays a ses règles de politesse, ses "tabous", ses phrases "à ne pas dire".
Pour la France, ces affirmations sont-elles vraies ou fausses ?

	V	F
1. Lorsqu'on accueille un client dans son bureau, on peut rester assis		
2. Pour se saluer, deux personnes se serrent la main		
3. Pour accueillir un visiteur, quand il s'agit d'une femme, il est de bon ton de se lever		
4. Les Français parlent facilement de leur salaire		
5. Quand un visiteur sort de son bureau, on reste assis		
6. Il est plus poli de se présenter en donnant son prénom suivi de son nom plutôt que de se présenter sous la forme de "Monsieur/Madame..."		
7. Lorsqu'on est en conversation avec quelqu'un dans son bureau et que le téléphone sonne, le visiteur est prioritaire par rapport à l'interlocuteur téléphonique		
8. Quand le visiteur est une femme, on doit se lever et attendre qu'elle soit assise pour se rasseoir		
9. Lorsqu'on reçoit quelqu'un pour affaires, il faut immédiatement parler travail		
10. Pour se saluer, en fin d'entretien, on se sert la main		

Exercice 2 : Canevas

- Reprendre le compte rendu proposé pages 37 à 42.

- Vous servir des éléments d'informations qu'il comporte ainsi que ceux fournis par les annexes du C.R.

- But : vendre un appartement dans une résidence du Cap d'Agde

Déroulement :

• Il faut un vendeur et un acheteur

Le vendeur :

• Il doit préparer l'entretien : description de l'appartement, situation, prix...

• Il prépare aussi son argumentaire : quels sont les avantages qui pourront lui servir à convaincre ?

Le client :

• Il prépare l'entretien : il définit sa situation familiale, sa profession, ses goûts, ce qu'il recherche

• Il devra respecter ce profil au cours de l'entretien.

Canevas de l'entretien :

• Le client entre dans une agence immobilière. Il est reçu par un vendeur

• Présentations

• Demande du client

• Réponse du vendeur qui cherche à obtenir des précisions

• Le client les lui donne

• Le vendeur propose un produit

• Le vendeur argumente en faveur de son produit

• Le client pose des questions, émet des objections

• Le vendeur y répond

...

• Le client est ou n'est pas convaincu

...

• Salutations

Exercice 3 : Jeu de rôles

a. Choisir un produit de consommation courante (que vous connaissez bien) à vendre (voiture, ordinateur...). Préparez sa description, ses avantages ; pensez aux objections qu'un client pourrait vous faire (prix, inconvénients ou faiblesses...).

b. Un client vient dans votre agence, votre magasin... et est intéressé par les produits que vous proposez.

La situation doit être jouée par deux personnes : le vendeur et le client.

- Votre but est de le convaincre d'acheter votre produit :

  • le présenter

  • répondre aux objections du client à propos des caractéristiques de votre produit

  • mettre en valeur les avantages du produit.

- L'entretien : il doit être rapide, il faut convaincre.

- Il faut vous servir d'un vocabulaire précis.

3. La négociation commerciale par téléphone

De plus en plus, les entreprises utilisent le téléphone pour leurs négociations commerciales.

Il sert : • à une prise de contact et à la prise de rendez-vous (il évite ainsi les frais de déplacement - parfois inutile - d'un représentant). On appelle ce procédé : prospection téléphonique.

• à la relance des impayés (téléphoner à un client pour obtenir le règlement d'une facture impayée).

• à la relance de la clientèle (quand le client n'a pas passé de commande depuis longtemps).

A. La prise de rendez-vous par téléphone : la prospection téléphonique

Pour cette opération, les entreprises emploient souvent un personnel spécialisé : il s'agit du télévendeur (ou téléacteur). Son rôle est de prendre rendez-vous avec le client potentiel (= le prospect) et de préparer ainsi la visite du représentant : déterminer ce que veut le client et être sûr que le représentant sera reçu.

Exercice 1 :

Examiner l'organigramme (page 76) qui représente le déroulement normal d'une action de télévente puis répondre aux questions suivantes :

- Que se passe-t-il si le prospect n'est pas immédiatement intéressé par le produit proposé ?

....

....

- Que se passe-t-il si le client ne passe pas commande lors de la visite du représentant ?

....

....

- Que doit faire le télévendeur si le client accepte le rendez-vous ?

....

....

- Que se passe-t-il si le prospect n'est toujours pas intéressé par le produit lors d'un deuxième ou troisième appel ?

....

....

Organigramme : la télévente

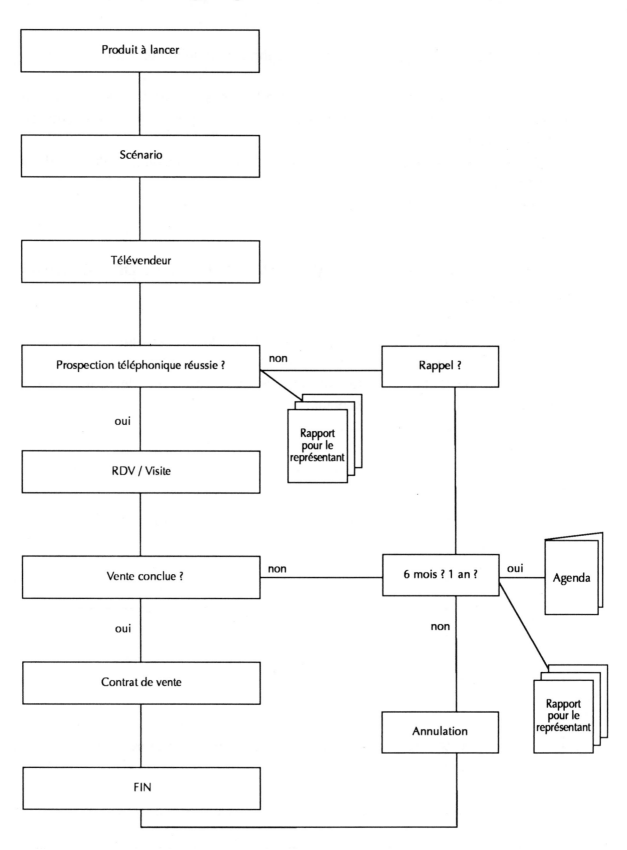

Exercice 2 :

Pour aider le télévendeur à mener à bien son appel de prospection, les entreprises établissent un "scénario-type".

Examiner celui qui vous est proposé en exemple pages 79 à 81 puis répondre aux questions suivantes :

- A quoi correspond la colonne de gauche ?

....

- A quoi correspond la colonne de droite ?

....

- Quels sont les éléments souvent répétés ?

....

....

- Que pouvez-vous dire sur la manière dont le télévendeur présente le produit ?

....

....

- Quelle remarque pouvez-vous faire sur le procédé utilisé pour obtenir une date de rendez-vous ?

....

....

- A votre avis, que doit faire le télévendeur au cours de l'entretien ?

....

....

- Quel est le ton général des interventions du télévendeur ?

....

- Qu'est-ce que le numéro vert ?

....

Exercice 3 : Jeu de rôles

Vous êtes télévendeur à la Société Dupneu, concessionnaire automobile.

Vous téléphonez à un prospect pour lui présenter le produit qui va être lancé sur le marché et vous essayez de prendre avec lui un rendez-vous pour le représentant de votre entreprise.

Déroulement :

- Un étudiant joue le rôle du télévendeur, un autre celui du prospect.

Le télévendeur :

- Le télévendeur doit s'aider de l'organigramme de la télévente
- Le télévendeur doit suivre le scénario-type ; il peut bien-sûr le personnaliser
  mais doit en respecter le déroulement et les consignes.
- Le télévendeur doit prendre des notes sur les réponses du client (pour transmettre des renseignements au représentant);

Exemple : le client vous dit qu'il n'aime que les voitures puissantes :
  l'argumentaire du représentant devra insister sur cet avantage du véhicule.
- Il s'agit d'obtenir un rendez-vous.

Le client :

- Préparer avant le passage à l'oral une fiche signalétique du client : âge, profession, adresse, goûts. Cela devra vous servir pour répondre aux questions du télévendeur. Vous devrez respecter ces caractéristiques.

- Jouer le jeu : ne pas accepter tout et tout de suite !

N.B. : pendant l'entretien, les autres étudiants doivent écouter et noter leurs remarques sur le déroulement de la conversation téléphonique.

Fin de l'exercice :

• Le rendez-vous a-t-il été obtenu ?

   Si non, analysez ensemble les raisons de cet "échec".

• Le télévendeur a-t-il respecté le scénario?

...

• Si le rendez-vous a été obtenu : rédiger le rapport destiné au représentant.

Exercice 4 :

• Choisir un produit à vendre.

 De manière à posséder des renseignements précis, aidez-vous de publicités exposant les qualités et caractéristiques du produit.

• Rédiger le "scénario-type" de prospection pour votre produit. Aidez-vous du modèle proposé.

Exercice 5 :

• Utiliser le scénario que vous avez élaboré dans l'exercice 4.

• Mener l'entretien téléphonique (un télévendeur appelle un prospect).

• Choisir une des voies possibles de l'organigramme (page 76).

• Objectif : obtenir un rendez-vous. Attention ! Le représentant a un emploi du temps très chargé : il a peu de plages-horaires libres. L'étudiant qui a le rôle du télévendeur doit, avant de passer son coup de fil, écrire sur une feuille les deux seules possibilités de rendez-vous. Il ne les montre pas aux autres. Il doit donc essayer "à tout prix" d'obtenir un rendez-vous à l'un de ces moments.

A la fin de l'exercice : le rendez-vous a-t-il été obtenu aux jour et heure souhaités ? Le télévendeur montre les deux moments possibles écrits auparavant...

GUIDE D'ENTRETIEN 101 G.T.I. DUPNEU

Allo ? Bonjour ! Je voudrais parler à M.... (citer prénom et nom) s'il vous plaît.

Si de la par de qui : Je suis (prénom - nom) des établissements Dupneu.

Si à quel sujet : J'ai une information à lui transmettre personnellement. Vous pouvez me le passer S.V.P. Merci.

Si OK... page 2

Si absent... soit argumenter le conjoint, s'il est utilisateur du véhicule, soit prendre date pour un rappel ultérieur.

Page 1 : INTRODUCTION AU FOYER

Allo ? M... (citer nom et prénom), Bonjour M..., je suis M. ... (prénom - nom) des établissements Dupneu.

Parce que vous n'êtes pas client chez nous, je me permets de vous contacter, aujourd'hui, pour vous poser une question toute simple. Connaissez-vous la 101 GTI ? Vous a-t-on déjà proposé de l'essayer ?

OUI ...   fin page 5

NON ...   page 3

Page 2 : INTRODUCTION AU PROSPECT

Parce que vous n'êtes pas un client de notre marque, vous pourrez ainsi nous donner un avis objectif sur la 101 G.T.I.

Acceptez-vous de la tester ?

OUI...   page 4

NON... page 5

POURQUOI M'INVITER MOI ?

Je comprends, je ne veux pas vous déranger.
Je peux vous rappeler plus tard ?

JE N'AI PAS LE TEMPS DE VOUS RÉPONDRE

Mais le but de mon appel est de vous proposer un essai de la 101 GTI.

Etes-vous d'accord pour l'essayer ?

OUI...   page 4

NON... page 5

J'AI REÇU VOTRE COURRIER

Je comprends, M..., je ne veux surtout pas vous ennuyer avec cet essai. Vous ne le faites que si cela vous tente.

Vous acceptez ?

OUI...   page 4

NON... page 5

JE N'AI PAS DE BESOIN ACTUELLEMENT

Bien ; alors je suppose que l'on vous a donné tous les renseignements. Excusez moi de vous avoir dérangé. Je vous remercie et vous souhaite une bonne journée.

J'AI DÉJÀ APPELÉ LE NUMÉRO VERT

Et bien dans le cadre d'une étude nationale, Dupneu a besoin de connaître l'avis objectif de possesseurs de voitures d'autres marques. Je vous propose donc aujourd'hui de l'essayer. Afin de vous éviter tout dérangement, je peux vous la présenter en venant vous chercher à votre bureau ou à votre domicile.

Vous acceptez de nous accorder un peu de votre temps, pour essayer notre 101 GTI et nous dire ce que vous en pensez ?

OUI... page 4

NON.. page 4

Page 3 : PROPOSITION R.V. 101 GTI

Je vous remercie sincèrement de votre collaboration.

Vous préférez que je vienne en début ou fin de semaine ?

Mardi ou mercredi ? / Mercredi ou vendredi ? / 10 h ou 15 h ? / 11 h ou 16 h... (choix selon les réponses).

Bien, je vérifie vos coordonnées. Vous habitez bien au... Nous sommes donc d'accord pour le... à ... heures.

Vous avez noté de votre côté ?

Je vous rappelle mon nom : M...

Je vous remercie et vous souhaite une bonne fin de journée.

Au revoir.

Page 4 : CONCRÉTISATION POSITIVE

Je comprends, M..., ce n'est pas le bon moment, parce que vous n'envisagez pas de changer de véhicule pour le moment, n'est-ce pas ?

Vous pensez le faire dans 3 mois ? 6 mois ? 1 an ? Plus ?

Bien, je vous remercie de votre amabilité, et vous souhaite une bonne fin de journée. Au revoir.

Page 5 : CONCRÉTISATION NÉGATIVE

Je comprends votre réaction M...

Il est certain que si vous désirez commander une 101 GTI, nous pouvons tout à fait vous donner satisfaction, mais là n'est pas l'objectif de mon appel.

Nous voulons avoir votre avis objectif sur notre 101 GTI.

Vous acceptez de la tester ?

OUI... page 4

NON... page 5

VOUS VOULEZ ME VENDRE LA 101 GTI

Je comprends vos questions et votre curiosité ; M...,mais si je vous réponds vous n'aurez plus de jugement réellement objectif sur ce véhicule.

Je suis sûr que vous me comprenez.

Je pense qu'il vaux mieux l'essayer, et c'est vous qui m'en parlerez, d'accord ?

QUESTION(S) SUR LA 101 GTI

Je comprends votre curiosité, M...

Il est exact que nous proposons actuellement un plan de financement intéressant. Si vous voulez, ce que nous pouvons faire c'est en parler pendant que vous testerez ce véhicule, d'accord ?

OUI... page 4

NON... page 5

Remarque : si le prospect insiste pour avoir des renseignements, lui en fournir au compte-goutte, en essayant de le décider à prendre rendez-vous.

QUESTIONS SUR LE PLAN DE FINANCEMENT

C'est tout à fait possible. Vous préférez passer quel jour ?

En début ou fin de semaine ? Vers quelle heure ?

D'accord, je vous attendrai donc à la concession le... à... heures.

Vous avez noté de votre côté ?

Je vous rappelle mon nom : M...

Vous me demanderez en arrivant, d'accord ?

Je vous remercie et vous souhaite une bonne journée !

JE PRÉFÈRE PASSER A LA CONCESSION

B. La relance téléphonique des impayés

Beaucoup d'entreprises ont des factures impayées en souffrance. Le procédé traditionnel pour les rappels de paiement est d'envoyer un courrier (la "lettre de rappel").

Depuis quelques années, les entreprises ont pris conscience du coût et surtout du peu de résultats (en général) de ce type d'opération, c'est pourquoi, un nombre de plus en plus grand d'entre elles utilise le téléphone pour la relance des impayés.

Le service comptabilité téléphone donc - régulièrement si cela s'avère nécessaire - au client pour lui rappeler sa dette et lui demander d'adresser son règlement.

PLAN DE LA CONVERSATION :

- L'employé(e) se présente (entreprise, service, nom)

- Il (elle) rappelle les éléments principaux de la facture : date de la commande, date de livraison, somme due, conditions de paiement acceptées.

- Il (elle) demande un règlement rapide : propose un délai minimal (48 h par exemple).

- Si le client ne peut régler à cette date : on propose alors des modalités de paiement : versement en deux (trois) fois, le premier étant effectué à une date proche (précisée),... Il faut obtenir un engagement ferme.

- Il s'agit d'obtenir tout ou partie du versement ; et ce, dans les meilleurs délais.

Le compromis qu'acceptera le comptable dépend, bien sûr, de la situation du client :

• est-ce un client régulier ?
• ancien ?
• habituellement, paie-t-il dans les délais convenus ?
• est-ce un "gros" client ?

Le ton doit rester courtois mais ferme.

- A la fin de la conversation : on rappelle l'engagement pris et on conclut par les salutations habituelles.

Exercice : Jeu de rôles

Un employé du service comptabilité téléphone à un client ayant une facture impayée.

Eléments :

- L'étudiant "comptable" possède la fiche historique du client. (Une de celles proposées pages 83).

- L'étudiant "client" connaît ses possibilités de paiement. (Une de celles proposées pages 84).

Déroulement :

- Le créancier téléphone au débiteur. Chacun doit avoir bien étudier son "dossier".

- Le service comptable veut obtenir le règlement ou une promesse ferme. A la rigueur, il acceptera des conditions de paiement en fonction de l'historique du client.

Pour la manière de réclamer, pour accorder un délai de paiement ou pour le refuser, il faut tenir compte du dossier en votre possession.

- Le client essaie de retarder le paiement. Il doit respecter sa fiche personnelle.

Pendant le déroulement de l'entretien, les autres étudiants doivent prendre des notes de manière à pouvoir analyser cette relance ; pour vous aider voici des critères :

- Le ton est-il courtois ? Ferme ? Hésitant ? Sec ? Impératif ? (trop, assez, trop peu ?)

- Le résultat de la conversation est-il positif ? Les conditions accordées correspondent-elles à ce que permet le dossier du client : sont-elles trop strictes ? Pas assez ?

- Le client a-t-il donné des arguments valables ? S'est-il bien "défendu" ?

FICHES CLIENTS

FICHE-CLIENT

Sté : Ets Courvelier

Historique

• Client depuis 7 ans

• Commandes moyenne/année : 250.000 F

• Paiement régulier

• Conditions habituelles : paiement sous 10 jours

Motif de l'appel : (le 12.02)

Facture du 25.11 impayée

Somme : 12 563,58 F

Livraison le : 19.11

Commande le : 05.11

FICHE-CLIENT

Sté : Veralux S.A.

Historique

• Client depuis 3 ans

• Moyenne commandes / an : 34.000 F

• Depuis un an : retards de paiements réguliers.

• Conditions habituelles : paiement par chèque / par retour

Motif de l'appel : (le 16.06)

Facture du 15.05 impayée

Somme : 8 521,45 F

Livraison le : 12.05

Commande le : 08.05

FICHE-CLIENT

Sté : S.A.R.L Bellier

Historique

• Nouveau client

• Première commande le 28.10

• Conditions de paiement : par retour

Motif de l'appel : (le 25.01)

Facture du 05.11 impayée

Somme : 12 850 F

Livraison le : 30.10

Commande le : 28.10

1er rappel le 15.12 (courrier)

FICHE-CLIENT

Sté : Nepaler

Historique

• Client depuis 6 mois

• Commande mensuelle régulière

• Paiement à 30 j. par traite

Motif de l'appel : (le 04.09)

Traite au 30.08 revenue impayée

Facture du 27.07

Somme : 9 744,15 F

Livraison le : 24.07

Commande du : 23.07

FICHE-CLIENT

Sté : Sera-France

Historique

• Client depuis 15 ans

• Moyenne commandes / an : 145 000 F

• Paiement habituel : 1re traite à 30 j. ; 2e à 60 j.

• En 15 ans : 2 incidents de paiement

Motif de l'appel : (le 19.04)

Facture du 27.01

1re traite payée ; 2e refusée

Somme : 6 251,48 F

FICHE-CLIENT

Sté : B-Vacances

Historique

• Client irrégulier depuis 2 ans

• Nombreux incidents de paiement

• Conditions de paiement : par chèque, par retour

Motif de l'appel : (le 21.05)

Facture du 19.04 impayée

Somme : 3 056,25 F

Livraison le : 16.04

Commande le : 14.04

FICHES PERSONNELLES

FICHE-PERSONNELLE

Sté : Ets Courvelier

- Vous êtes client depuis 7 ans
- Vous commandez environ pour 250 000 F / an
- Vous avez toujours réglé vos factures régulièrement
- Conditions habituelles : paiement sous 10 jours
- Votre facture du 25.11 n'a pas été réglée. Nous sommes le 12.02
- Somme : 12 563,58 F
- Trouvez un motif valable pour expliquer ce retard
- Votre but : retarder le paiement d'un mois au moins

FICHE-PERSONNELLE

Sté : S.A.R.L. Bellier

- C'est la 1re commande
- Conditions de paiement : par retour
- Facture du 05.11 impayée. Nous sommes le 25.01
- Somme : 12 850 F
- Votre but : retarder le paiement
- Trouver un motif valable

FICHE-PERSONNELLE

Sté : Sera-France

- Vous êtes client depuis 15 ans
- Vous commandez pour environ 145 000 F / an
- Conditions habituelles de paiement : une traite à 30 j. et une 2e à 60 j.
- En 15 ans, seulement deux retards de paiement
- Facture du 27.01 impayée : la 2e traite est revenue refusée. Nous sommes le 19.04
- Somme : 6 251,48 F
- Trouvez un motif pour cet incident

FICHE-PERSONNELLE

Sté : Veralux S.A.

- Vous êtes client depuis 3 ans
- Vous commandez pour environ 34 000 F / an
- Depuis un an, votre société se voit concurrencée par d'autres : vous vous trouvez donc face à des difficultés de trésorerie.
- Conditions habituelles de paiement : chèque par retour
- Facture du 15.05 impayée. Nous sommes le 16.06
- Somme : 8 521,45 F
- Trouvez un motif valable pour ce retard

FICHE-PERSONNELLE

Sté : Nepaler

- Vous êtes client depuis 6 mois et vous passez régulièrement commande une fois par mois
- Conditions habituelles de paiement : traite à 30 jours
- Facture du 27.07 impayée. Nous sommes le 04.09
- Votre traite a été refusée par la banque
- Somme : 9 744,15 F
- Trouvez un motif valable pour ce retard
- Votre but : obtenir une prorogation à 30 j.

FICHE-PERSONNELLE

Sté : B-Vacances

- Vous êtes client depuis 2 ans
- Vous passez entre 2 et 4 commandes / an
- Vous demandez régulièrement des délais supplémentaires de paiement
- Conditions habituelles de paiement : chèque par retour
- Facture du 19.04 impayée. Nous sommes le 21.05
- Somme : 3 056,25 F
- Trouvez un motif à ce retard
- Votre but : obtenir un délai de paiement de 30 à 60 j.

C. La relance de la clientèle

ELLE A LIEU DANS DEUX CAS :

- Un client n'a rien commandé depuis longtemps. La société téléphone pour savoir la raison de cette absence de commande à l'occasion d'une réclame, d'une promotion...
- Après une action de télévente négative (le client a refusé le rendez-vous) et quand il est possible que le client soit intéressé après un délai plus ou moins long, le télévendeur le rappelle pour essayer d'obtenir un rendez-vous.

Exercice 1 : Jeu de rôles

Vous êtes télévendeur à la société Dupneu. Vous avez téléphoné il y a plusieurs mois à un client qui a refusé le rendez-vous : il n'envisageait pas à ce moment-là de changer de voiture.

Vous le rappelez pour obtenir, cette fois-ci un rendez-vous.

Déroulement :

Le télévendeur :

- Il faut mener la conversation téléphonique

Aidez-vous du scénario (pages 79-80) en le modifiant un peu puisqu'il s'agit du deuxième appel. Rappeler le coup de fil antérieur.

Votre but : obtenir un rendez-vous.

Le prospect :

- Vous n'êtes pas entièrement décidé à changer de véhicule mais vous envisagez cette possibilité d'ici un ou deux mois.

Pendant l'entretien, les autres étudiants prennent des notes de manière à pouvoir l'analyser.

Exercice 2 : Jeu de rôles

Vous appartenez au service commercial d'une société.

En consultant le fichier clients, vous constatez qu'un client, M. Latour, n'a rien commandé depuis un an alors qu'il passait régulièrement commande.

Déroulement :

Le service commercial :

- Choisir le produit vendu par votre entreprise. Aidez-vous de publicités détaillées pour en avoir les caractéristiques.

- Choisir une raison servant de prétexte à l'appel de relance

• promotion exceptionnelle

• lancement d'un nouveau produit, ou d'une nouvelle gamme de produits

• approche d'une fête pour laquelle votre produit peut être beaucoup vendu

• ...

- Imaginer les raisons pour lesquelles le client n'a plus commandé :

• il a été déçu par le produit qui s'est peu vendu

• il a des réclamations à formuler (difficile à utiliser, service après-vente défaillant...)

• ...

Et trouver les objections que vous pourrez lui faire pour chaque type de cas.

Le client :

- Trouver le motif de cet arrêt des commandes. Il doit être précis et argumenté.

Mener l'entretien téléphonique.

Ecran 2 - L'exportation

RÉUSSIR

SACHEZ NOUS CONVAINCRE

1. La préparation de la prospection commerciale pour l'exportation

Exercice :

Préparation de la prospection. Retrouver l'ordre des opérations (colonne de gauche) et reliez-les à leur explication (colonne de droite)

Contacter les prospects	• Dépouiller les réponses • Relancer par téléphone • Prendre rendez-vous
Eventuellement, protéger sa propriété industrielle	• Chiffrer chaque action • Réaliser les budgets annuels
Préparer sa mission	• Faire ressortir les données importantes • Ecrire dans la langue du pays • Mettre en œuvre les techniques du marketing
Planifier la prospection	• Connaître le savoir-vivre du pays • Mettre en place l'argumentaire
Etablir sa liste de prospects	• Lister les actions • Donner des priorités • Etablir un calendrier des tâches à accomplir
Eventuellement, relancer les prospects	• Etablir un planning des visites • Réserver le transport, les hôtels
Sélectionner les aides à la prospection	• Choisir les informations à donner • Choisir les produits à mettre en valeur • Choisir le support
Elaborer les propositions de prix	• Inventorier les organismes d'aide • Déposer les dossiers et/ou demandes (assurances, financement,...)
Elaborer le budget des dépenses	• Analyser les pratiques commerciales (nombre de jours de crédit accordés) • Lister les services attendus (transport, assurance, crédit) • Etablir les prix suivant les incoterms retenus
Préparer sa documentation	• Déterminer le profil du partenaire recherché • Rechercher les coordonnées des partenaires
Préparer son entretien avec les prospects	• Déposer des marques • Déposer des brevets ou vérifier leur territorialité

2. Présentation d'une offre export

L'offre doit toujours être rédigée en français. Sa présentation sera impeccable de façon à donner une image favorable de l'entreprise.

Dans le cas d'un premier contact avec l'acheteur, la présentation sera fonction du type de produit :

TYPE DE PRODUIT

Bien d'équipement adapté aux besoins de l'acheteur
- Présentation générale de l'entreprise
- Dossier offre
Ce dossier comporte :
- une partie technique avec description du matériel, mode de fonctionnement, plans...
- une partie commerciale avec prix, modalités de paiement, garanties mises en place...

Produit standardisé
- Présentation générale de l'entreprise
- Documents publicitaires
- Facture pro-forma avec éventuellement des échantillons

N. B. La facture pro-format est un projet de facture ou devis. Elle reprend donc tous les éléments qui figureront sur la facture définitive.

Exercice :

Votre entreprise désire accroître ses relations avec une entreprise française. Elle décide de lui proposer un nouveau produit.

Choisissez ce produit : pour cela, utilisez une publicité détaillée.

Rédigez la lettre d'offre export en vous aidant du schéma ci-dessus.

Vous préciserez que vous joignez à votre courrier le dossier d'offre.

3. Les intermédiaires du commerce international

L'entreprise, selon les caractéristiques du marché du produit, ses propres possibilités, choisira un intermédiaire, le mieux adapté à sa situation.

A. INTERMÉDIAIRES SE SITUANT À L'ÉTRANGER OU EN FRANCE

FORMES / CRITÈRES	COURTIER	COMMISSIONNAIRE	NÉGOCIANT	SOCIÉTÉ DE COMMERCE INTERNATIONAL	BUREAU D'ACHAT
Définition	Commerçant indépendant	Commerçant grossiste spécialisé dans un type de produit sur une ou plusieurs marques	Commerçant libre généralement spécialisé dans un type de produits.	Société commerciale multifonction, traitant de nombreux produits sur de nombreux pays	Cellule d'achat d'une chaîne de magasins ou d'un groupement d'entreprises situé dans un pays proche
Fonction	Mettre en relation vendeur et acheteur	Trouver des clients, vendre, facturer, assurer le suivi, se faire payer pour le compte de son commettant.	Acheter pour revendre avec le plus grand profit	Acheter pour revendre avec le plus grand profit dans le cadre d'une politique définie	Acheter au meilleur prix et trouver de nouveaux produits
Rémunération	Courtage : pourcentage très faible sur le montant de la transaction	Commission déterminée à l'avance	Marge libre	Marge libre	Marge libre
Lien entre intermédiaire et exportateur	Accord oral ou télex se fondant sur les références de l'acheteur et du vendeur	Contrat de mandat	Contrat de vente pour un produit	Contrat de vente pour un produit	Contrat de vente pour un produit
Connaissance des besoins de la clientèle par l'exportateur	Restreinte de manière directe mais connaissance des tendances du marché	Souvent bonne par transmission des demandes de la clientèle	Faible ou très faible	Faible ou très faible	Quasi nulle
Contrôle de la politique des ventes par l'exportateur	Très faible	Faible. L'entente entre commissionnaire et exportateur peut l'améliorer	Très faible ou nul	Nul	Nul
Risque commercial pour l'exportateur	Total	Important	Très faible ou nul	Nul car achat ferme	Nul car achat ferme
Remarques	Marché mondial souvent très concurrentiel	Intermédiaires spécialisés par pays et par produits, intéressant pour les PME / PMI ne disposant pas du personnel qualifié nécessaire		Nécessité de prix très compétitifs et de régularité en approvisionnements	Nécessité de prix très compétitifs. Ventes souvent non renouvelées.
Exemples de produits	Matières premières, produits semi-finis, services	Produits ne nécessitant pas -ou peu- de service après-vente (SAV)	Produits de séries de bonne qualité et compétitifs	Tous produits	Produits normalisés ou de consommation courante avec caractéristiques spécifiques

N.B. : P.M.I. : Petites et Moyennes Industries
P.M.E. : Petites et Moyennes Entreprises

B. INTERMÉDIAIRES SE SITUANT EN FRANCE

FORMES / CRITÈRES	AGENT SANS CONTRAT	AGENT IMPORTATEUR	IMPORTATEUR DISTRIBUTEUR	CONCESSIONNAIRE	CENTRALE D'ACHATS
Définition	Vendeur indépendant demandant souvent à être représentant d'une entreprise pour raisons d'image dans le pays	Commerçant vendant régulièrement certains produits de l'entreprise	Commerçant ayant référencé le produit	Commerçant spécialisé notamment dans la vente du produit de l'exportateur	Service centralisant les références, les achats d'une chaîne de magasins ou d'entreprises
Fonction	Transmettre les commandes	Commander, importer, stocker éventuellement, les produits qu'il pense pouvoir écouler	Acheter, importer, stocker, redistribuer les produits rérérencés	Acheter pour revendre les produits spécifiés et en assurer le SAV	Approvisionner au meilleur coût et de manière régulière
Rémunération	Commission	Marge libre	Marge libre le plus souvent	Marge négociée avec l'exportateur	Marge ou pourcentage
Lien entre intermédiaire et exportateur	Accord tacite pouvant être remis en cause à tout moment	Accord non contraignant + contrat de vente	Contrat de vente	Contrat d'autant plus contraignant que le produit est technique ou de luxe	Contrat de vente
Connaissance des besoins de la clientèle par l'exportateur	Très faible ou nulle	Très faible	Faible	Faible sauf animation du réseau de vente par l'exportateur	Très faible sauf si une étude de marché a été faite au préalable
Contrôle de la politique des ventes par l'exportateur	Aucun	Aucun	Très faible	Suivant accord contractuel	Aucun
Risque commercial pour l'exportateur	Total	Très faible	Très faible	Très faible	Très faible
Remarques	L'agent est demandeur		L'importateur maîtrise son circuit de commercialisation	Si accord avec le concessionnaire, forme qui permet la maîtrise du circuit de commercialisation	Les centrales d'achats sont sévères sur la qualité et sur le respect des conditions de vente
Exemples de produits	Quelques produits sans service après-vente	Produits à faible vente sur le marché	Très divers	Produits de luxe ou techniques	Tous produits

Exercice :

En vous aidant des tableaux A et B, retrouvez le nom de chaque intermédiaire.

1. L'intermédiaire qui achète pour revendre, qui est lié par un contrat avec l'exportateur et pour lequel le risque est nul pour l'exportateur est : ....

2. L'intermédiaire qui vend des produits normalisés qu'il a achetés au meilleur prix est ....
....

3. L'intermédiaire permettant une bonne connaissance de la clientèle par l'exportateur est...........
....

4. L'intermédiaire dont la marge bénéficiaire est libre, et qui est spécialisé dans un type de produits est ....

5. L'intermédiaire dont la marge bénéficiaire est libre, et qui vend des produits variés est ....
....

6. L'intermédiaire dont la fonction est de mettre en relation vendeur et acheteur est ....
....

7. L'intermédiaire qui se charge de la vente du pétrole ou du gaz est...
....

8. L'intermédiaire avec lequel l'exportateur se voit demander un réapprovisionnement régulier est
....

9. L'intermédiaire le plus favorable pour les entreprises moyennes est.......................................
....

10. L'intermédiaire pour lequel il peut y avoir, par l'exportateur, contrôle des ventes est ....
....

Troisième partie

LE COMMERCE INTERNATIONAL

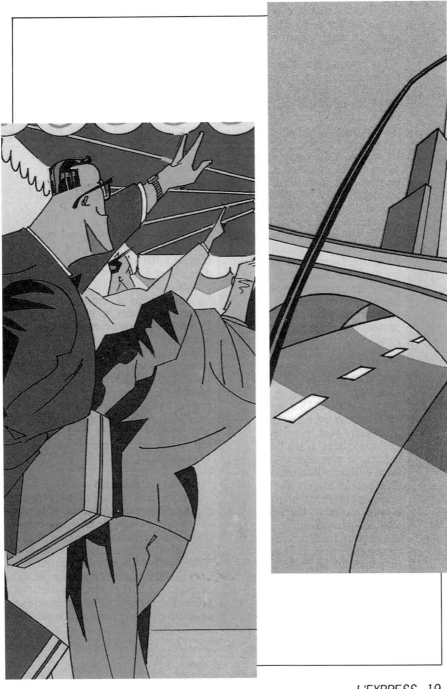

L'EXPRESS - 19 JANVIER 1990
ILLUSTRATIONS : ZACOT

Ecran 1 - Structures et sources du commerce international

1. Structures du commerce international

A. L'Union européenne (U.E.)

■ DESCRIPTION GÉNÉRALE

PAYS MEMBRES

Allemagne, Autriche, Belgique, Danemark, Espagne, Finlande, France, Grande-Bretagne, Grèce, Irlande, Italie, Luxembourg, Pays-Bas, Portugal, Suède.

ELLE A POUR OBJECTIF

L'établissement de la libre circulation des marchandises, des personnes, des capitaux, des services à l'intérieur de l'Union.

ELLE A UN POUVOIR DE DÉCISION POUR

- l'instauration ou la suppression des droits de douane,
- la politique commerciale avec les pays hors de l'UE,
- la signature d'accords commerciaux avec ces pays,
- l'organisation des échanges entre les Etats membres.

ELLE A UN POUVOIR LÉGISLATIF POUR

- la politique de l'acier et du charbon,
- la politique agricole,
- la concurrence.

■ LES ACCORDS DE SCHENGEN

Ils prévoient la libre circulation des personnes entre les pays de l'Union européenne. En 1995, date de leur mise en place, 7 pays y ont adhéré : Allemagne, Belgique, Espagne, France, Luxembourg, Pays-Bas et Portugal.

■ INSTITUTIONS COMMUNAUTAIRES

INSTITUTIONS	FONCTIONS
Conseil des Ministres des états membres	Décider les orientations dans chaque domaine
Commission Européenne (Bruxelles)	• Appliquer les décisions du Conseil • Proposer les mesures nécessaires • Négocier les accords commerciaux • Gérer le budget • Administrer (11 000 fonctionnaires européens) • Veiller à une saine concurrence
Parlement Européen (Strasbourg)	• Contrôler la Commission • Voter le budget et contrôler son exécution • Discuter les propositions de la Commission • Proposer des amendements
Cour de Justice (Luxembourg)	• Mettre en place un droit communautaire • Annuler les actes contraires au Traité de Rome • Emettre un avis sur les accords avec les pays hors de la CEE • Se prononcer sur les problèmes posés par les juridictions nationales

B. La France

■ LES INSTITUTIONS FRANÇAISES DU COMMERCE EXTÉRIEUR

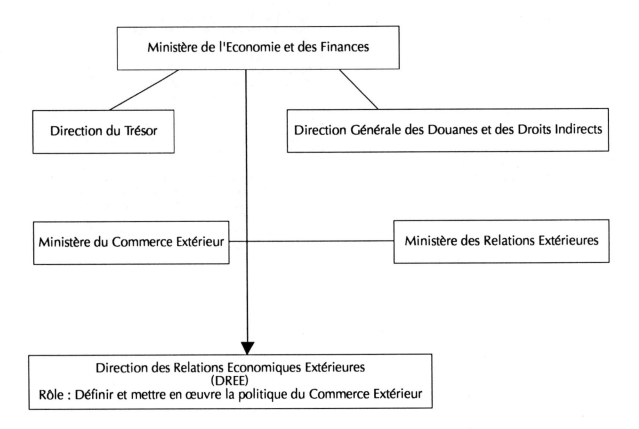

■ ORGANISATIONS FRANÇAISES AU SERVICE DU COMMERCE EXTÉRIEUR

FONCTION	ORGANISMES QUI RELÈVENT DE LA DREE	ORGANISMES INDÉPENDANTS DE LA DREE
COUVERTURE DE RISQUES ET FINANCEMENT	**COFACE** COmpagnie Française d'Assurance pour le Commerce Extérieur : assure les risques politiques et les risques commerciaux. **BFCE** Banque Française pour le Commerce Extérieur : met en place des financements spécialisés	**ANVAR** Agence Nationale pour la VAlorisation de la Recherche **SDR** Sociétés de Développement Régional **COFISE** COmpagnie pour le FInancement des Stocks à l'Etranger **SOFININDEX** SOciété pour le FInancement des INdustries EXportatrices **CEPME** Crédit d'Equipement des PME **Banques**
FORMATION		**Education nationale** **Chambres de Commerce et d'Industrie (CCI)**
PROMOTION	**CFCE / CFME** Centre Français du Commerce Extérieur / Comité Français des Manifestations Economiques Extérieures **SOPEXA** SOciété Pour l'EXpansion des ventes des produits Agro-alimentaires **ACTIM** Agence de Coopération Technique Industrielle et Economique	**Chambres de Commerce et d'Industrie (CCI)**
INFORMATION ET CONSEIL	**CFCE** **PEE** Poste d'Expansion Economique **DRCE** Direction Régionale du Commerce Extérieur	**NOREX** NOrmes et Réglements techniques à l'EXportation **ACECO** Association pour la Compensation des Echanges Internationaux **CCI** **CNPF** Conseil National du Patronat Français **INPI** Institut National de la Propriété Industrielle

Exercice :

Après lecture du tableau de la page précédente, répondez au questionnaire suivant en cochant la bonne réponse :

1. Le Centre Français du Commerce Extérieur est

❏ un organisme indépendant de la DREE

❏ un organisme qui s'occupe de la promotion du commerce extérieur et qui propose information et conseil aux entreprises exportatrices

❏ un organisme qui s'occupe seulement de la promotion du commerce extérieur

2. Les entreprises exportatrices qui désirent obtenir des aides financières peuvent s'adresser

❏ uniquement à leur banque

❏ uniquement à la Banque Française pour le Commerce Extérieur

❏ à la BFCE ou à leur banque

3. Les Chambres de Commerce

❏ ont un simple rôle de consultant

❏ ont un rôle de consultant et d'aide à la promotion

❏ ont un triple rôle de consultant, d'aide à la promotion et à la formation

4. Pour contracter une assurance à l'exportation, les entreprises doivent s'adresser

❏ la COFISE

❏ à la COFACE

❏ aux banques

5. Le CFME

❏ est un organisme indépendant qui sert à la promotion des produits français à l'étranger

❏ est un organisme qui permet de promouvoir les produits français lors de salons ou foires internationaux

❏ est un organanisme qui permet aux entreprises françaises de présenter leurs produits lors de salons ou foires nationaux

2. Sources d'information

A. Les sources étrangères

ORGANISME	INFORMATIONS
Organismes nationaux des pays • office de la statistique • patronat • département du commerce • associations des consommateurs • ...	Informations économiques et commerciales sur leur pays
Grandes banques internationales étrangères	Etudes sur les principaux pays industrialisés
Grands cabinets d'experts-comptables	Conditions d'exportation dans les pays industrialisés
Organismes internationaux • Communauté Economique Européenne • OCDE • Banque mondiale (BIRD) • FMI • ONU • Organisation Mondiale de la Santé • Bureau International du Travail • ...	• Informations économiques sur les pays membres • Perspectives de développement • Appels d'offres internationaux • Financement des projets • ...

B. Les sources françaises d'information

ORGANISME	INFORMATIONS
Centre Français du Commerce Extérieur (CFCE)	• Statistiques et réglementations étrangères • Etudes de marché, possibilités d'affaires... • Conseils et assistance aux entreprises
Direction Régionales du Commerce Extérieur (DRCE)	• Informations sur les pays étrangers • Gestion des procédures de soutien à l'exportation • Conseils aux entreprises
SOciété Pour l'EXpansion des ventes de produits Agro-alimentaires (SOPEXA)	• Informations sur les marchés étrangers • Salons professionnels
Comité Français des Manifestations Economiques à l'étranger (CFME)	• Information et participations aux foires et salons à l'étranger
Postes d'Expansion Economique à l'Etranger (PEE)	• Informations en tout genre sur les pays de leur ressort • Organisation de missions, liste de prospects
Directions Régionales des Douanes (DRD)	• Flux d'exportations et d'importations françaises • Réglementation française
Chambres de Commerce et d'Industrie (CCI)	• Informations sur les pays étrangers et sur la France, fonds documentaire • Action promotionnelle, conseils aux entreprises
Chambre de Commerce Franco-étrangères (Paris et province)	• Fonds documentaire, traduction de documents • Opportunités d'affaires
Chambres de Commerce françaises à l'étranger	• Informations sur le pays et sur la France ; liste de prospects • Opportunités d'affaires, conseils aux exportateurs
Agence pour la Coopération Technique, Industrielle et Economique (ACTIM)	• Identification de projets à l'étranger • Recherche de partenaires et diffusion de documents techniques
Agence Nationale de VAlorisation de la Recherche (ANVAR) (Paris et province)	• Diffusion d'informations sur les techniques françaises à l'étranger • Recherche de partenaires et aide à l'adaptation des produits
NOrmes et Réglementations techniques pour l'EXportation (NOREX)	• Informations sur les normes et réglementations techniques • Mise en conformité des produits
Fédérations et Syndicats Professionnels	• Etudes statistiques sur les pays étrangers • Etudes de marché pour leur domaine
Banques françaises (Paris et Province)	• Recherches sur les réglementations extérieures • Renseignements de notoriété
Serveurs de bases de données (ex QUESTEL)	• Bibliographie, statistiques, textes
Presse spécialisée (Le Monde diplomatique, l'Exportation...)	• Informations économiques et politiques sur les pays et sur la France • Informations commerciales, stratégies d'entreprise
Autres sources possibles : Compagnies de transport, transitaires, agences de publicité, conseils en commerce international...	• Informations sur les différents secteurs d'activité • Conseil, assistance

Exercice :

Après étude des sources d'informations françaises, répondez aux questions suivantes :

1. Pour obtenir des informations sur les marchés étrangers, une entreprise peut s'adresser à :....

....

2. Les organismes qui ont un rôle de conseil aux entreprises sont : ....

....

3. Lorsqu'une entreprise veut faire traduire des documents, elle peut s'adresser à : ....

....

4. Pour obtenir des informations sur les manifestations économiques à l'étranger, une entreprise peut s'adresser à : ....

....

5. Lorsqu'une entreprise désire obtenir un répertoire des clients potentiels dans un pays étranger, elle peut le demander à : ....

....

6. L'organisme qui informe sur les lois françaises sur l'import-export est :................................

....

7. Pour avoir connaissance de données statistiques sur un pays, une entreprise peut consulter : ..

....

8. Les organismes qui effectuent des études de marchés sont :...

....

Ecran 2 - Les modes de paiement

1. Les instruments de paiement

	CHÈQUE	LETTRE DE CHANGE	VIREMENT
DÉFINITION	Ordre écrit, sans condition, de payer une somme déterminée à son bénéficiaire.	Ecrit par lequel un tireur donne ordre à un tiré de payer à vue ou à une date convenue une somme.	Ordre donné par un acheteur à sa banque de débiter son compte pour créditer celui du vendeur.
TYPE	• **Chèque d'entreprise** Il peut être certifié par la banque tirée, ce qui entraîne un blocage de la provision jusqu'à la fin du délai légal de présentation. Emis par l'entreprise. • **Chèque de banque** Emis par une banque sur instruction de l'entreprise. C'est un engagement direct de paiement de la part de la banque.	• **Traite protestable** Un constat officiel peut être fait par un juriste (= le protêt) en cas de non-paiement. • **Traite sans frais** En cas de non-paiement, il y a accord amiable entre l'acheteur et le vendeur.	• **Virement par courrier** • **Virement par télex** Il est demandé par le vendeur (il prend parfois en charge les frais). • **Virement SWIFT** (Society for Worlwide Interbank Financial Telecommunications) : basé sur réseau de télécommunications privé géré par informatique. (Moins cher qu'un télex et sans risque d'erreur).
AVANTAGES	• Le chèque est une pièce juridique qui peut éventuellement faciliter le recours contre le tiré. • Le chèque de banque donne une grande sécurité de paiement.	La traite est une pièce juridique qui facilite le recours contre le tiré lorsqu'elle est acceptée (mention inscrite sur la traite : signature du tiré).	• Rapidité pour les virement télex et SWIFT.
RISQUES	• Risques de perte ou de vol • Coût financier du fait de la durée d'encaissements (ex. France / USA : 30 jours). • Risque de non-paiement pour le chèque entreprise. En France, une réglementation répressive existe mais dans certains pays (USA, Allemagne...) le tiré peut faire opposition librement à son chèque.	• Risque de retard à l'acceptation ou de non-acceptation : certains acheteurs ne renvoient les traites acceptées qu'après livraison des marchandises. • Risque de non-paiement qui peut être évité si le vendeur réclame une garantie (= aval bancaire) à la banque de l'acheteur.	• Virement courrier : dépend du délai de la poste. • Le paiement dépend de la seule décision de l'acheteur. S'il ne donne pas ordre de transfert à sa banque le paiement ne sera pas effectué.

Exercice :

Les affirmations suivantes sont-elles vraies ou fausses ?

	VRAI	FAUX
1. La lettre de change est aussi appelée traite.		
2. On ne peut pas effectuer un virement par la poste.		
3. Le paiement par chèque peut donner lieu à un coût financier.		
4. La traite donne la possibilité de limiter les risques de non-paiement.		
5. Le virement par courrier est aussi rapide que les autres types de virement.		
6. Le chèque émis par une banque est plus sûr que celui émis par l'entreprise.		
7. Une "traite sans frais" signifie que son émission est gratuite.		
8. Le protêt est un document juridique qui atteste que la lettre de change n'a pas été payée par l'acheteur.		
9. Une traite qui n'a pas été acceptée par l'acheteur permet au vendeur d'entamer une action juridique en cas de non-paiement.		
10. En France, un acheteur peut faire librement opposition à un chèque qu'il a émis.		
11. Un virement par télex est moins onéreux qu'un virement SWIFT.		
12. Le chèque, la traite et le virement sont des documents à valeur juridique.		
13. Le virement est une opération de banque à banque.		
14. L'acheteur a l'obligation de renvoyer par retour de courrier la lettre de change acceptée.		
15. Le virement est le mode de paiement qui offre le moins de garantie.		

2. Les techniques de paiement

Il s'agit des procédures pour collecter les instruments de paiement

A. L'ENCAISSEMENT SIMPLE

Le vendeur envoie à son client une facture. Si un délai de paiement a été accordé, il y joint une traite. Le client paie par chèque, ou, le plus souvent, en donnant ordre à sa banque d'effectuer un virement.

Inconvénients :

• l'initiative du règlement appartient entièrement au client
On peut rendre plus sûre la procédure en demandant à l'acheteur une lettre de garantie bancaire.

• Risque de lenteur lorsque le paiement se fait par chèque ou virement courrier.
On peut rendre l'encaissement plus rapide par l'ouverture d'un compte dans le pays de l'acheteur (= compte centralisé).

B. LA REMISE DOCUMENTAIRE

Le vendeur rassemble les documents nécessaires (facture, titre de transport...) et les remet à sa banque. Celle-ci les transmet à la banque de l'acheteur. Cette dernière les donnera à l'acheteur en échange du paiement ou de l'acceptation d'une traite.

Avantages :

• la remise documentaire est plus sûre que l'encaissement simple
• elle est peu coûteuse
• elle est plus souple que le crédit documentaire

Inconvénients :

• risque de retard dans la transmission des documents
• risque que l'acheteur accepte la traite mais ne puisse pas l'honorer à l'échéance prévue
• si l'acheteur renonce à l'achat, les marchandises continuent à être transportées, et, dès leur arrivée, le vendeur doit leur trouver un nouvel acheteur ou les rapatrier.

Schéma de l'opération d'une remise documentaire

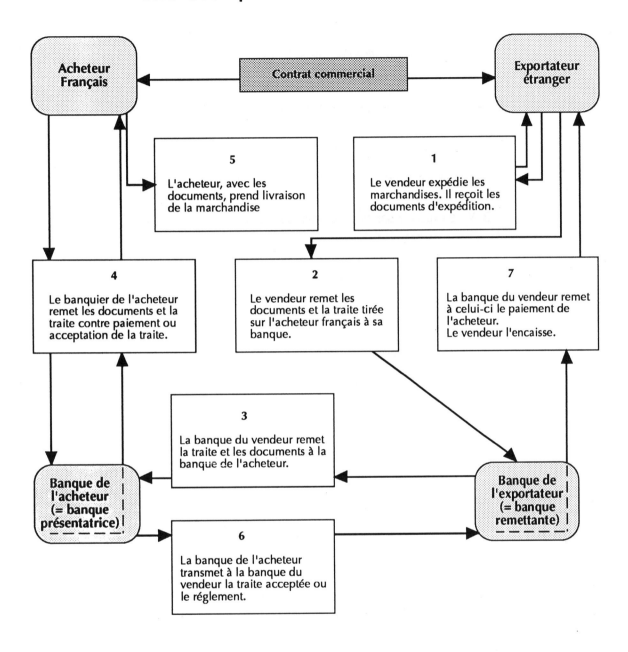

Exercice :

La société COPA-FRANCE a passé une commande à votre entreprise. Le règlement sera effectué par remise documentaire par l'intermédiaire de votre banque (la BTA) et de celle de votre client (la BNP).

Retrouvez l'ordre des différentes opérations

A. La BTA transmet les documents d'expédition et la traite à la BNP

B. Vous expédiez par avion les marchandises

C. Vous recevez le paiement

D. COPA-FRANCE, grâce aux documents d'expédition, prend livraison de la marchandise commandée

E. Vous donnez les documents d'expédition et la lettre de change tirée sur COPA-FRANCE à la BTA

F. La BNP remet à COPA-FRANCE les documents d'expédition

G. Vous recevez les documents prouvant l'expédition des marchandises

H. COPA-FRANCE paie les marchandises

1	2	3	4	5	6	7	8

C. LE CRÉDIT DOCUMENTAIRE

Ses règles ont été élaborées par la Chambre de Commerce Internationale. C'est un engagement écrit pris par une banque (banque émettrice) de payer ou d'accepter une traite sur présentation de certains documents. Cet engagement est remis au vendeur (bénéficiaire) par une autre banque (banque notificatrice) conformément aux instructions fixées par l'acheteur (donneur d'ordre).

Schéma du crédit documentaire

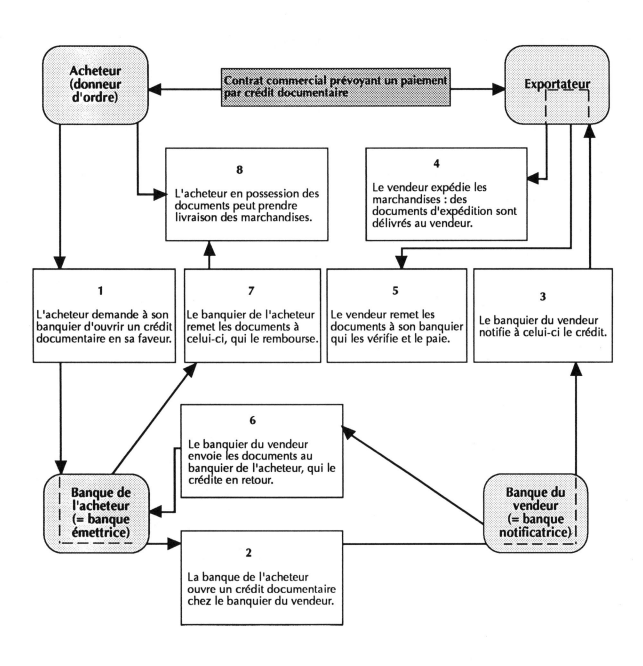

Exercice :

La société COPA-FRANCE a passé une commande à votre entreprise. Le règlement sera effectué par crédit documentaire par l'intermédiaire de votre banque (la BTA) et de celle de votre client (la BNP).

Retrouvez l'ordre dans lequel les opérations vont avoir lieu :

A

IBT - Ltd
à BTA

P.J.-Ann. :
Documents d'expédition

B

COPA-FRANCE

F ....

Veuillez payer à l'ordre de
BNP la somme de ....

C

COPA-FRANCE
à IBT-Ltd

Objet : Commande

....

....

D

B T A
à IBT-Ltd

Objet : Notification de
l'ouverture d'un crédit
documentaire en votre
faveur

E

B N P

F ....

Veuillez payer à l'ordre de la
BTA la somme de ....

....

F

B T A
à IBT-Ltd

Veuillez trouver ci-joint les
documents d'expédition
des marchandises

....

G

COPA-FRANCE

Nous certifions avoir pris
livraison des marchandises
ci-dessous :

....

....

H

B T A

F ....

Veuillez payer à l'ordre de
IBT - Ltd la somme de ....

....

I

COPA-FRANCE
à BNP

Objet : Demande d'ouverture d'un crédit documentaire en notre faveur.

J

IBT - Ltd

Nous certifions avoir
procédé à l'expédition des
marchandises ci-dessous :

....

....

K

B N P
à COPA-FRANCE

Veuillez trouver ci-joint les
documents d'expédition
des marchandises

....

....

1	2	3	4	5	6	7	8	9	10	11

* Différence entre le crédit documentaire et la remise documentaire

REMISE DOCUMENTAIRE	CRÉDIT DOCUMENTAIRE
• La banque du vendeur ne joue qu'un rôle d'intermédiaire : elle reçoit mandat de transmettre des documents.	• La banque émettrice s'engage par écrit à payer ou à accepter une traite dès que certaines conditions fixées lors de l'ouverture de crédit documentaire ont été respectées.
• La banque du vendeur ne créditera le compte de celui-ci qu'après avoir reçu l'avis de la banque présentatrice.	• Le paiement s'effectue rapidement. Dans la majorité des cas, la banque du vendeur créditera le compte de celui-ci après avoir vérifié que les documents sont conformes.

Ecran 3 - Les transports internationaux

1. Les termes commerciaux (= les incoterms)

La Chambre de Commerce Internationale a défini 14 termes commerciaux qui précisent :
- **le transfert des risques**

l'acheteur connaît le moment et l'endroit à partir desquels il assume les risques encourus par la marchandise
- **le transfert des frais**

le vendeur sait jusqu'à quel moment il supporte les frais occasionnés par le contrat de vente
- **les documents à fournir au vendeur et / ou à l'acheteur.**

Le transfert des risques permet de faire la différence entre les ventes au départ (les marchandises voyagent aux risques de l'acheteur), et les ventes à l'arrivée (les marchandises voyagent aux risques du vendeur).

A. Les termes commerciaux communs à tous les modes de transport

1. A L'USINE

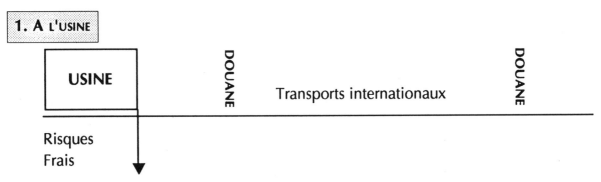

L'acheteur choisit le mode de transport et le transporteur

2. FRANCO TRANSPORTEUR (point désigné)

L'acheteur choisit le mode de transport et le transporteur

a. livraison sur marchandise au transporteur désigné dans les locaux du vendeur

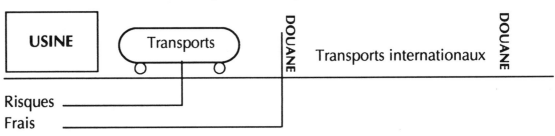

b. livraison de la marchandise par le vendeur au terminal fret du transporteur

• *Envois de détail destinés à être groupés (camion, conteneur)*

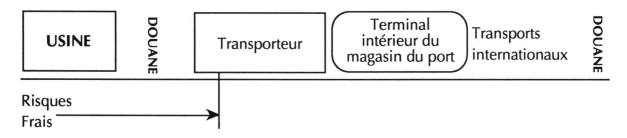

• *Pour les expéditions de chargements complets (par camion, wagon,...), l'acheteur supporte les frais de déchargement*

3. FRET, PORT PAYÉ JUSQU'À (point de destination convenu)

Le vendeur choisit le mode de transport et le transporteur

a. livraison de la marchandise au premier transporteur dans les locaux du vendeur

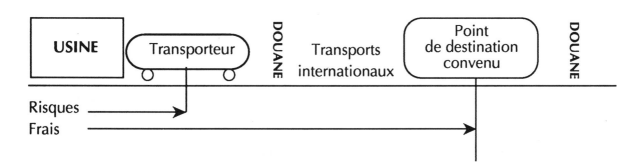

b. Livraison de la marchandise par le vendeur au terminal fret du premier transporteur désigné

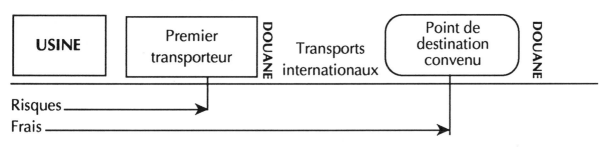

4. FRET, PORT PAYÉ ASSURANCE COMPRISE JUSQU'À (point de destination convenu)

Cet incoterm est identique au précédent mais il oblige, de plus, le vendeur à fournir une assurance contre les risques de perte ou d'avarie de la marchandise pendant le transport.

5. RENDU, DROITS ACQUITTÉS (lieu de destination convenu dans le pays d'importation)

Le vendeur choisit le ou les mode(s) de transport, le ou les transporteur(s).

Exercice : les incoterms communs à tous les transports

Remplissez le tableau suivant (cochez les bonnes cases) :

	A l'usine	Franco transporteur		Fret port payé jusqu'à	Fret port payé assurance comprise jusqu'à	Rendu droits acquittés
		Liv. dans locaux	Liv. terminal			
Les risques sont pris en charge dans l'entreprise de départ						
Les frais sont pris en charge dans l'entreprise de départ						
Les risques sont pris en charge jusqu'au transporteur						
Les frais sont pris en charge jusqu'au transporteur						
Les risques sont pris en charge jusqu'à la frontière du pays de départ						
Les frais sont pris en charge jusqu'à la fontière du pays de départ						
Les risques sont pris en charge jusqu'à un point de livraison convenu						
Les frais sont pris en charge jusqu'à un point de livraison convenu						

B. Les incoterms maritimes

1. FRANCO LE LONG DU NAVIRE

Le contrat de transport est conclu par l'acheteur.

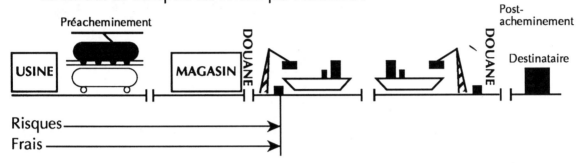

2. FRANCO BORD

Le contrat de transport est conclu par l'acheteur.

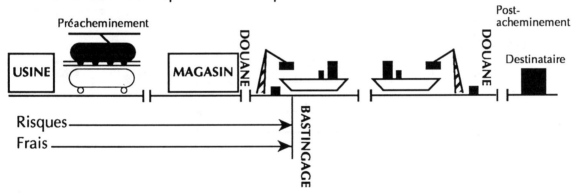

3. COÛT ET FRET

Le contrat de transport est conclu par le vendeur.

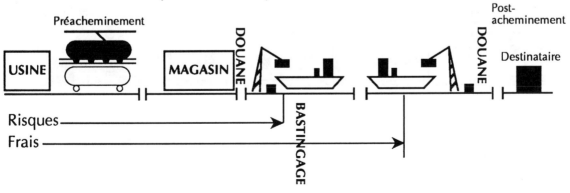

4. COÛT, ASSURANCE ET FRET

Le contrat de transport est conclu par le vendeur.

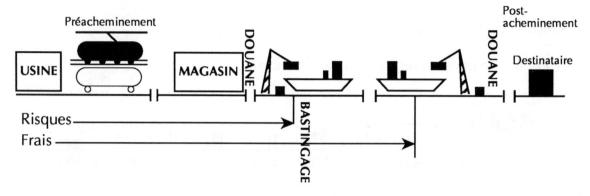

5. EX-SHIP

Le contrat de transport est conclu par le vendeur.

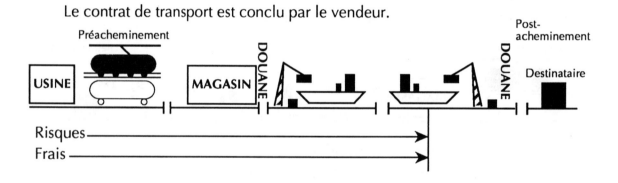

6. EX-QUAI, RENDU À QUAI, NON DÉDOUANÉ

Le contrat de transport est conclu par le vendeur.

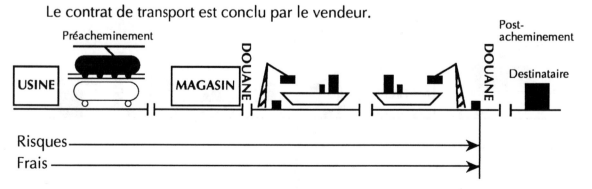

7. Ex-quai, rendu à quai dédouané

Le contrat de transport est conclu par le vendeur.

Exercice : les incoterms maritimes

Remplissez le tableau ci dessous

	Franco le long du navire	Franco bord	Coût et fret	Coût assurance et fret	Ex-ship	Ex quai rendu à quai non dédouané	Ex quai rendu à quai dédouané
Les risques sont pris en charge jusqu'au quai de départ							
Les frais sont pris en charge jusqu'au quai de départ							
Les risques sont pris en charge jusqu'à l'embarquement							
Les frais sont pris en charge jusqu'à l'embarquement							
Les risques sont pris en charge jusqu'à l'arrivée du bateau							
Les frais sont pris en charge jusqu'à l'arrivée du bateau							
Les risques sont pris en charge jusqu'au quai d'arrivée							
Les frais sont pris en charge jusqu'au quai d'arrivée							
Les risques sont pris en charge jusqu'à la douane d'arrivée							
Les frais sont pris en charge jusqu'à la douane d'arrivée							

C. Les incoterms terrestres

1. Franco wagon (point de départ convenu)

Le contrat de transport est conclu par le vendeur.

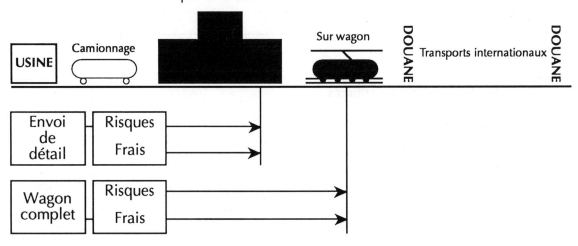

2. Rendu à la frontière (lieu de destination convenu à la frontière)

Le vendeur choisit le mode de transport et le transporteur jusqu'à la frontière.

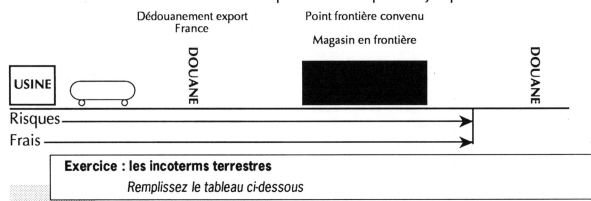

Exercice : les incoterms terrestres

Remplissez le tableau ci-dessous

	Franco wagon		Rendu à la frontière
	Détail	Wagon complet	
Les risques sont pris en charge jusqu'à la gare de départ du vendeur			
Les frais sont pris en charge jusqu'à la gare de départ du vendeur			
Les risques sont pris en charge jusqu'au train			
Les frais sont pris en charge jusqu'au train			
Les risques sont pris en charge jusqu'au magasin en frontière			
Les frais sont pris en charge jusqu'au magasin en frontière			

D. L'incoterm aérien

1. FOB Aéroport (aéroport de départ convenu)

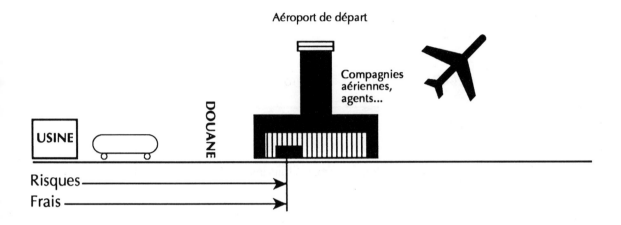

Aéroport de départ

Compagnies aériennes, agents...

DOUANE

USINE

Risques

Frais

Exercice 1 :

Les affirmations suivantes sont-elles vraies ou fausses ?

	VRAI	FAUX
1. "Fret, port payé jusqu'à" est un incoterm maritime		
2. Il n'existe qu'un seul incoterm aérien		
3. "Franco bord" et "Coût et fret" sont des incoterms uniquement maritimes		
4. Il existe 5 incoterms communs à tous les modes de transport.		
5. "Rendu à la frontière" est un incoterm commun à tous les modes de transport		
6. "Franco transporteur" est un incoterm seulement terrestre		
7. Il existe 7 incoterms maritimes		
8. "A l'usine" est un incoterm seulement terrestre		
9. "Franco wagon" est un incoterm uniquement terrestre		
10. Il existe 2 incoterms terrestres		

Exercice 2 :

Retrouvez l'incoterm

1. Vous désirez que les marchandises soient transportées par camion ; risques pris en charge jusqu'à l'entreprise de transport, frais jusqu'à la frontière ; vous choisissez :

....

2. Vous désirez que les marchandises soient transportées par bateau ; risques pris en charge jusqu'à l'entreprise de transport, frais jusqu'à la frontière ; vous choisissez :

....

3. Vous désirez que les marchandises soient transportées par bateau ; risques pris en charge jusqu'au quai de départ ; frais jusqu'à l'arrivée du bateau ; vous choisissez :

....

4. Vous désirez que les marchandises soient transportées par bateau ; risques et frais pris en charge jusqu'au quai de départ ; vous choisissez :

....

5. Vous désirez que les marchandises soient transportées par avion ; risques et frais pris en charge jusqu'à l'aéroport de départ ; vous choisissez :

....

6. Vous désirez que les marchandises soient transportées par train ; risques pris en charge jusqu'à l'entreprise de transport ; frais jusqu'au point de destination convenu ; vous choisissez :

....

7. Vous désirez que les marchandises soient transportées par train ; risques et frais pris en charge jusqu'au train ; vous choisissez :

....

8. Vous désirez que les marchandises soient transportées par camion ; risques et frais pris en charge jusqu'au magasin en frontière ; vous choisissez :

....

9. Vous désirez que les marchandises soient transportées par train ; risques et frais pris en charge jusqu'au magasin en frontière ; vous choisissez :

....

10. Vous désirez que les risques et les frais soient pris en charge jusqu'au point de livraison convenu ; vous choisissez :

....

2. La douane

A. Importation, introduction, mise en libre pratique

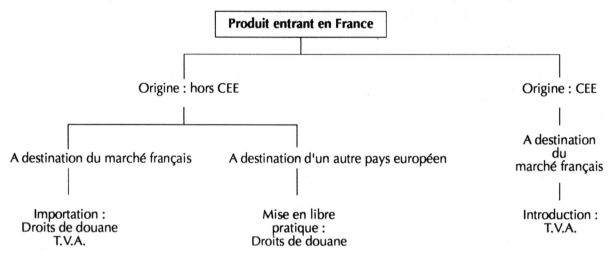

T.V.A. : les taux sont les mêmes que ceux appliqués aux produits français.

B. Les opérations de dédouanement

Le dédouanement consiste à présenter les marchandises à un bureau de douane et à leur affecter un régime douanier

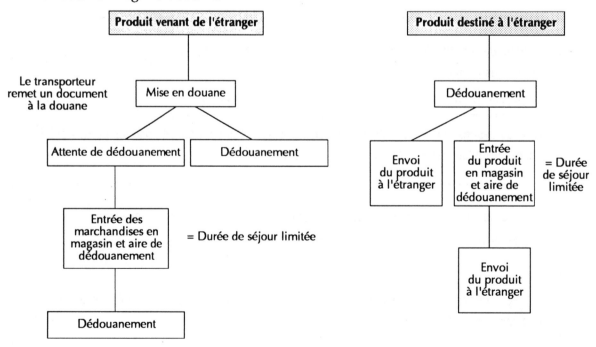

3. Les documents de transport

A. Les fonctions des documents de transport

- Il sont la preuve du contrat de transport
- ils sont la preuve de la prise en charge des marchandises par le transporteur, et, s'il n'y a pas de réserves, de leur bon état
- Ils certifient le poids de l'expédition, le nombre de colis, la nature des marchandises
- Ils prouvent l'expédition effective des marchandises
- Ils constituent les documents de base dans le cas d'un crédit documentaire

B. Les connaissements maritimes

ORDRE	**À ordre**	Transmissible par endossement • au profit d'un nouveau propriétaire de la marchandise • au profit du destinataire réel s'il a été émis à l'ordre d'une banque
	À personne dénommée	Seule cette personne pourra prendre les marchandises à leur arrivée
CHARGEMENT	**On Board**	Le document atteste le chargement effectif des marchandises à la date de signature
	Reçu pour embarquement	Il n'atteste que la prise en charge par la compagnie maritime et ne garantit pas l'expédition effective.
RÉSERVES	**Net de réserves**	Le document certifie le bon état des marchandises et des emballages au moment de leur prise en charge.
	Surchargé	Il comporte des réserves de la compagnie sur la quantité ou l'état des marchandises chargées. Ces réserves atténuent la responsabilité du transporteur.

C. Les principaux documents de transport

Mode de transport	Nom du document	Emis par	Atteste de la prise en charge en bon état	Atteste de l'expédition effective	Document réclamé au destinataire	Observations
Maritime	Connaissement maritime	Agent de la compagnie	OUI. S'il n'y a pas de réserves	OUI. Si "On Board".	OUI	Document de base du crédit documentaire
	Bordereau d'expédition	Agent de la compagnie	OUI. S'il n'y a pas de réserves	NON	NON	
Aérien	Lettre de Transport Aérien (LTA)	Transitaire	OUI	OUI. Quand la date et le n° de vol sont notés par la compagnie.	NON	
Routier	Lettre de voiture	Transporteur	OUI. S'il n'y a pas de réserves	OUI. A la signature, par le transporteur.	NON	
	Feuille de route CEE	Transporteur	OUI. S'il n'y a pas de réserves	OUI	NON	
Ferroviaire	Lettre de voiture	Chemin de fer	OUI. Pour les envois de détail.	NON. Mais le délai d'expédition est prévu par la convention	NON	Sert aussi de document de transit.
Poste	Bulletin d'expédition	L'expéditeur	OUI. Avec timbre et date.	NON	NON	La responsabilité varie selon le type d'expédition (envoi normal, recommandé...).

Exercice :

Les affirmations suivantes sont-elles vraies ou fausses ?

	VRAI	FAUX
1. La lettre de voiture atteste la prise en charge en bon état pour toutes les expéditions par train		
2. La LTA atteste l'expédition effective, sous certaines conditions		
3. La lettre de voiture atteste de l'expédition effective par camion		
4. La lettre de voiture atteste de l'expédition effective par train		
5. Le connaissement maritime est exigé au destinataire pour qu'il puisse prendre livraison des marchandises		
6. Le bordereau d'expédition n'atteste pas de l'expédition effective		
7. Le bulletin d'expédition est un document d'envoi postal		

Quatrième partie

DOCUMENTATION

L'EXPRESS - 19 JANVIER 1990
ILLUSTRATIONS : ZACOT

1. Documentation juridique

Extraits de code à connaître, pour les citer, dans les lettres commerciales.

1. EN CAS DE RETARD DE LIVRAISON

"Le vendeur doit être condamné aux dommages et intérêts s'il résulte un préjudice pour l'acquéreur du défaut de délivrance au terme convenu".

Code Civil - Art. 1611

2. PROBLÈMES DE TRANSPORT DE MARCHANDISES
Perte

"Le voiturier est garant de la perte des objets à transporter, lors des cas de force majeure. Toute clause contraire insérée dans toute lettre de voiture, tarif ou autre pièce quelconque est nulle".

Code de Commerce - Art 103

Retard de livraison, mise en demeure de livrer

• "Le transporteur est garant de l'arrivée des marchandises dans le délai déterminé par la lettre de voiture, hors les cas de force majeure légalement constatés".

Code de commerce - Art 97

• "Les dommages et intérêts ne sont dus que lorsque le débiteur est en demeure de remplir ses obligations".

Code civil - Art 1146

• "En droit civil, le débiteur n'est mis en demeure que s'il a reçu sommation (1) à moins que la convention ne porte explicitement que la mise en demeure se réalisera par la seule échéance du terme".

Code Civil - Art. 1139

(1) Sommation : acte d'huissier enjoignant un débiteur de payer ce qu'il doit ou d'accomplir l'acte auquel il s'est obligé.

• "En droit commercial, l'usage permet au créancier de mettre en demeure le débiteur par tous les moyens. En pratique, la mise en demeure est faite par lettre recommandée avec accusé de réception".

Code de Commerce - Art. 324

3. PROBLÈMES DE TRANSPORT PAR VOIE POSTALE : CODE DES POSTES ET TÉLÉCOMMUNICATIONS
• Art. L. 7

"L'administration des postes et Télécommunications n'est tenue à aucune indemnité pour perte d'objet de correspondance ordinaire"
• Art L. 13

"L'administration des postes et Télécommunications n'encourt aucune responsabilité en cas de retard dans la distribution ou de non-remise par exprès".

2. Petit dictionnaire des affaires

ACCEPTATION D'UNE OFFRE (f.) : fait de donner son accord pour une proposition de vente, pour un prix.

ACCORD AMIABLE (m.) : accord conclu volontairement au contentement des deux parties.

ACOMPTE (m.): paiement partiel à valoir sur une somme due.

ACQUÉREUR (m.): acheteur

ACQUITTER (UNE SOMME) : payer entièrement une somme due.

ACTE DE VENTE (m.) : document officiel qui prouve que la vente a eu lieu.

ACTE AUTHENTIQUE (m.) : acte officiel définitif (contrat ou acte de vente, par exemple), authentifié par la signature des deux parties et d'un notaire.

ACTION (f.) : titre qui représente une partie du capital de la société (S.A.), dont la valeur fluctue selon les cours de la Bourse.

ACTIONNAIRE (m.) : porteur (propriétaire) d'actions.

ACTUALISABLE (adj.) : se dit d'un prix qui peut être augmenté suivant les variations du coût de construction, de transport...

À LA CHARGE DE : payés par... (ex : frais à la charge de...)

ANNEE CIVILE (f.) : du 1er janvier au 31 décembre

ARRHES (m.pl.): somme versée comme gage de l'exécution du marché.

CADUCITÉ (DES ACCORDS) (f.) : fait que les accords ne soient plus valables.

CAUTION (f.) : somme qui sert à garantir un engagement.

CLAUSE (f.) : disposition, convention, condition faisant partie d'un contrat.

COMMISSAIRE AUX COMPTES (m.) : personne nommée par les actionnaires d'une société anonyme pour contrôler la gestion et les comptes des administrateurs de la société.

COMMISSION/COMMISSION DES NÉGOCIATIONS (f.) : somme versée en paiement à la personne qui a servi d'intermédiaire dans une vente, une négociation.

COMPTE SÉQUESTRE (m.) : compte bancaire sur lequel on verse la somme d'acompte jusqu'à la conclusion de la vente. Ce compte est bloqué jusqu'à la signature définitive.

CONCLURE (UNE VENTE) : mener à bien une vente, vendre.

CONDITIONS ORDINAIRES (f.pl.) : conditions habituelles qui régissent une vente (délai à respecter, mode de paiement...).

CONDITION SUSPENSIVE (f.) : condition qui, si elle n'est pas respectée, annule le contrat de vente.

CONSEIL D'ADMINISTRATION (m.) : dans une S.A., réunion des personnes désignées pour gérer les affaires de la société (actionnaires, membres du personnel...)

CONTRACTER UN EMPRUNT : effectuer un emprunt.

CONTRAT (m.) : document officiel où sont inscrits les devoirs auxquels s'engagent les deux parties d'une affaire (ex : contrat de travail, contrat de vente...)

CONTRAT PRÉLIMINAIRE (m.) : contrat de vente rédigé avant le contrat définitif en attendant le déblocage des fonds, par exemple.

DÉFAUT D'EXÉCUTION (m.) : non-respect d'une clause, d'une condition par l'une des parties du contrat.

DÉLAI PRÉVISIONNEL (m.) : délai prévu pour l'exécution d'une opération, l'arrivée des marchandises...

DÉPÔT DE GARANTIE (m.) : somme d'argent déposée pour servir de garantie, pour prouver que l'acheteur est sérieux et solvable.

DROIT À RESTITUTION (m.) : possibilité de récupérer l'argent qu'on a versé (arrhes, dépôt de garantie...) en cas de résiliation du contrat.

EMPRUNT (m.): somme prêtée à une autre personne, avec intérêts.

ENGAGEMENT SOLIDAIRE (m.) : les deux parties d'un contrat, deux personnes, une banque et une entreprise, s'engagent ensemble, se portant garant mutuellement.

ÉTUDE DE MARCHÉ (f.) : enquête qui prépare une opération d'exportation, le lancement d'un produit...

EXERCICE (m.) : période comprise entre deux inventaires dans une entreprise commerciale, ou entre deux budgets dans une administration.

EXPIRATION D'UN DÉLAI (f.) : fin, terme du délai accordé.

FONDS (m.pl.) : capital nécessaire au fondement d'une entreprise, à la mise en place d'une action commerciale.

FORMALITÉS (f.pl.) : procédure obligatoire pour mener à bien une affaire.

GARANT (m.) : personne qui donne sa garantie, sa caution, pour une autre personne par document écrit. Si cette personne ne peut pas payer, le garant s'engage à le faire.

GARANTIE (f.) : somme versée, papier signé, qui prouve que sa volonté d'acheter est sérieuse, que son engagement dans l'action commerciale est sûr.

HABILITER : rendre apte à accomplir un acte officiel, judiciaire.

HONORAIRES (m.pl.) : "salaire" des personnes qui exercent une profession libérale pour chaque acte effectué.

INCOTERMS : termes commerciaux, contrats précisant le partage des frais et risques à l'exportation.

JUSTIFICATIF (m.) : pièce officielle qui certifie un point exigé (ex.: la nationalité, les ressources...).

LITIGE (m.) : conflit, contestation qui oppose les deux parties d'une affaire.

MANDATAIRE (m.) : personne habilitée pour conclure une vente, pour servir d'intermédiaire dans une négociation.

MANDATER : habiliter une personne comme intermédiaire dans une négociation.

MODALITÉS (f.pl.) : dispositions d'un acte juridique ou officiel qui prévoit l'exécution d'une tâche.

NÉGOCIATION (f.) : fait d'engager des pourparlers en vue d'une affaire commerciale, l'affaire même que l'on traite.

OBTENTION D'UN PRÊT (f.) : action de recevoir l'accord d'une banque pour le prêt demandé.

PARTIE (f.) : terme qui désigne chaque personne concernée par un contrat de vente, une négociation...

POUVOIR/PROCURATION (DONNER -) : habiliter quelqu'un pour agir en son nom quand on ne peut assister à la signature d'un contrat, à une négociation, à une réunion sanctionnée par un vote, pour signer un chèque... (= donner pouvoir et qualité pour...)

PRÊT (m.) : somme versée par une banque et que l'on doit rembourser avec des intérêts.

PRIX PRÉVISIONNEL (m.) : prix prévu pour une opération commerciale qui correspond à une estimation, et qui peut être modifié suivant les fluctuations des prix des matériaux, des transports...

PROSPECT (m.) : client potentiel.

PROSPECTION (f.) : opération visant à accroître sa clientèle.

PROVISION (f.) : somme qui sert d'acompte pour un paiement lors d'une affaire commerciale.

QUOTE-PART (f.) : part que chacun doit payer ou recevoir lors de la répartition d'une somme.

RÉALISATION D'UNE VENTE (f.) : conclusion d'une vente : celle-ci a réellement eu lieu.

RÉGULARISATION D'UNE VENTE (f.) : fait de rendre légal une vente ou de la rendre valable par un versement du prix, d'une provision ou par la signature d'un document officiel.

RÉSILIATION D'UN CONTRAT (f.) : annulation du contrat.

RÉSOLUTION D'UN CONTRAT (f.) : exécution effective d'un contrat : la marchandise a été livrée, la maison construite...

SCRUTATEUR (m.) : personne qui compte les voix dans un vote à main levée ou au cours du dépouillement du scrutin.

SCRUTIN (m.): vote émis au moyen de bulletins déposés dans une urne et comptés ensuite ; ensemble des opérations qui constituent un vote ou une élection.

SIÈGE SOCIAL (m.) : domicile légal d'une société commerciale.

SOLLICITER (UN PRÊT) : demander un prêt auprès d'une banque ou d'un organisme spécialisé.

SOLVABLE (adj.) : qui a des garanties financières; en qui on peut avoir confiance pour le règlement (opposé : insolvable).

SOUSSIGNÉ(E) (LE / LA -) : désigne dans un contrat, un acte officiel, la personne qui signe l'engagement dont il est question.

STIPULER : formuler comme condition dans un contrat (une clause).

VENDERESSE (f.) : féminin de "vendeur"; terme utilisé seulement dans les documents officiels.

3. Vocabulaire de la banque

Acceptation (f.)	Faite par le tiré : reconnaissance d'une dette. Il s'engage à payer la traite à la date donnée.
Agence (f.)	Succursale locale d'une banque. Dépend de la maison mère.
Agios (m.pl.)	Somme perçue par la banque en cas de découvert et proportionnelle à celui-ci.
A l'ordre de	Mention qui permet de faire suivre le nom du bénéficiaire d'un chèque (bancaire ou postal).
Aval (m.)	Signature qui engage le signataire à payer un effet ou à accepter une proposition commerciale. Accord donné par signature.
Banque assise (f.)	Ensemble des fondés de pouvoir qui ont la charge des comptes-clients.
Billet à ordre (m.)	Document par lequel le souscripteur s'engage à payer une certaine somme à une date et un lieu prescrits. Ce n'est qu'une promesse de payer (≠ effet = engagement à payer).
Bordereau (m.)	Formulaire où on peut noter la liste des opérations que l'on effectue. Ex. : bordereau de remise de chèques, bordereau de versement, bordereau de remise d'effets.
Change (m.)	Conversion d'une monnaie d'une valeur à une autre. Valeur qu'a cette monnaie sur le marché monétaire. Service bancaire qui effectue ces opérations.
Chèque (m.)	Document qui donne ordre à la banque de payer une somme en débitant un compte-courant. *Chèque bancaire :* compte courant bancaire. *Chèque postal :* compte courant postal (CCP). *Chèque sans provision :* somme insuffisante en compte pour régler le montant dû.
Commission (f.)	Somme prélevée (et facturée) par la banque en paiement de ses services dans une transaction.

Compensation (f.)	Règlement par virement de banque à banque, sans déplacement d'argent, (par traite le plus souvent). *Compensée* : traite après échange bancaire. *Chambre de compensation* : service bancaire où s'effectuent les échanges de traites de banque à banque.
Compte courant d'escompte (m.)	Possibilité donnée à l'entreprise d'escompter ses effets dans la limite d'un certain montant. *Escompte* : différence entre la valeur d'une créance le jour de son échéance et sa valeur le jour du paiement.
Crédit (m.) *A court terme*	Avance de fonds pour une durée inférieure à 1 an pour faciliter l'acquisition de biens d'équipement.
A moyen terme	Avance de fonds pour une durée inférieure à 5 ans pour financer des investissements.
A long terme	Avance de fonds pour une durée supérieure à 5 ans pour financer des investissements.
Crédit de campagne (m.)	Crédit accordé à une entreprise ayant une activité saisonnière.
Découvert (m.)	Dépassement de l'avoir en compte. *Découvert autorisé* : autorisation de dépassement de l'avoir en compte pour permettre à l'entreprise de faire face à une échéance.
Domiciliation (f.)	Terme utilisé pour une traite quand elle mentionne un autre lieu de paiement que le domicile du tiré (ex : une banque).
Echéance (f.)	Terme d'un délai de paiement. Date à laquelle doit être payée une traite.
Espèces (f.pl.)	Appellation de l'argent (billets, pièces) par opposition au chèque, carte de crédit...
Etat de rapprochement (m.)	Comparaison entre l'extrait de compte fourni par la banque et le compte tenu par (et dans) l'entreprise elle-même.
Extrait de compte (m.)	Liste des opérations effectuées sur un compte bancaire/postal pendant une période déterminée (souvent un mois). *Débit* : opérations soustractives. *Crédit* : opérations additives.

Facilités de caisse (f.pl.)	Autorisation de dépassement de l'avoir en compte dans la limite d'un certain montant et pour une période déterminée. Accordées par la banque.
Fondé de pouvoir (m.)	Employé de banque (cadre) qui gère les comptes-clients.
Frais (m.pl.)	Dépenses liées à certaines circonstances : transport, envoi postal, découvert, abonnement à une carte de crédit...
Guichet (m.)	Service bancaire qui reçoit les clients pour les versements, les dépôts... Guichetier : employé de ce service.
Impayé (m.)	Chèque, effet dont le paiement est refusé par la banque.
Libellé (m.)	D'un chèque. Nature de l'opération ; intitulé.
Opération bancaire (f.)	Tous les mouvements (versement-retrait) que subit un compte bancaire. *Au débit* : retrait d'argent sur un compte par chèque, effet, virement, prélèvement, espèces. *Au crédit* : versement par chèque, virement...
Opposition (f.)	Acte (par lettre) par lequel on s'oppose au paiement d'un chèque, ou à l'utilisation d'une carte de crédit. Par exemple dans le cas de vol, perte ou contestation d'un service payé.
Portefeuille titres (m.)	Ensemble des titres (actions) que l'on possède. On peut se servir de celui-ci comme garantie lors d'un prêt, d'une vente.
Prélèvement (m.)	Retrait d'argent sur un compte courant Prélèvement automatique : la banque effectue chaque mois le règlement de certaines factures.
Prorogation d'échéance (f.)	Prolongation d'un délai de paiement d'une traite.
Remise de chèques, d'effets (f.)	Dépôt d'un certain nombre de chèques, d'effets à son ordre sur son compte bancaire.

Solde (m.)	Somme qui reste sur un compte après les opérations de débit et de crédit. *Solde débiteur* : le montant des dépenses est supérieur à celui des rentrées d'argent. *Solde créditeur* : il reste de l'argent sur le compte après toutes les opérations bancaires (du mois par exemple).
Tiré (m.)	Débiteur.
Tireur (m.)	Créancier ; bénéficiaire d'un effet.
Transfert de fonds (m.)	Transport postal ou réel d'une somme d'argent : de banque à banque, d'un pays à un autre.
Traite (f.) - **Effet** (m.) **Lettre de change** (f.)	Papier par lequel le débiteur reçoit du créancier l'ordre de payer la somme due à vue, c'est-à-dire à présentation de l'effet, à une échéance déterminée. C'est un engagement ferme de payer quand elle est acceptée par le débiteur. Si le débiteur refuse de payer, il doit envoyer, dans les 48 h qui suivent la date d'échéance, un protêt à son créancier : acte authentique qui constate le refus d'acceptation ou de paiement d'un effet.
Traite acceptée (f.)	La signature du débiteur sur la traite est l'acceptation de la traite de celui-ci. Ainsi, il s'engage de manière ferme à payer à la date (échéance).
Traite à 30 jours fin de mois (f.)	Traite qui sera encaissée dans un délai de 30 jours à partir de la fin du mois en cours. Il existe aussi des traites à 60 jours fin de mois et à 90 jours fin de mois.
Virement (m.)	Moyen de paiement sans mouvement matériel de fonds ou manipulation monétaire. Se fait de compte à compte bancaires ou postaux. Il s'agit d'une opération d'écriture.

ETS. COPA-FRANCE

Z.I. DES QUATRE-SEIGNEURS
BP 06 X
38020 GRENOBLE-CEDEX

Tél : 76 59 15 33

Vos Réf. :
Nos Réf. :
Objet :
P.J ann. :

Grenoble, le . . . .

S.A. au capital de 4 000 000 F / R.C.S. Grenoble B 432 874 521. / C.C.P. Grenoble 4 521 93 G
TELEX : 254 606 / SIRET : 814 549 234 62 195.

Réseau d'Achat et de Vente International

sté / r·a·v·i

BP 206 — 75 001 PARIS-CEDEX
Siège social : 81 rue de Rivoli 75 001 Paris — 37 55 07 24

Vos Réf. :

Nos Réf. :

Objet   :   Paris, le . . . .

P. J ann. :

S.A.R.L. au capital de 9 000 000 F / R.C.S. Paris C 623 452 373 /

CCP Paris 8 952 44 P / TELEX 941 116 / SIRET 894 498 776 80 384

ETS. COPA-FRANCE

Z.I. DES QUATRE-SEIGNEURS
BP 06 X
38020 GRENOBLE-CEDEX

Tél : 76 59 15 33

Vos Réf. :
Nos Réf. :
Objet :
P.J ann. :

Grenoble, le . . . .

S.A. au capital de 4 000 000 F / R.C.S. Grenoble B 432 874 521. / C.C.P. Grenoble 4 521 93 G
TELEX : 254 606 / SIRET : 814 549 234 62 195.

Achevé d'imprimer
avec les films fournis,
en mai 1997
par IMPRIMERIE LIENHART
à Aubenas d'Ardèche

Dépôt légal mai 1997

N° d'imprimeur : 9070

Printed in France